_____님께 드립니다.

_____년 _____월 _____일

_____

Sim Prisa, Sim Pausa!
서두르지도 말고, 멈추지도 말고!

지치지 않는 힘

초판 1쇄 발행 2018년 2월 28일
초판 9쇄 발행 2023년 11월 10일

지은이 이민규

펴낸이 김찬희
펴낸곳 끌리는책

출판등록 신고번호 제25100-2011-000073호
주소 서울시 구로구 연동로11길 9, 202호
전화 영업부 (02)335-6936 편집부 (02)2060-5821
팩스 (02)335-0550
이메일 happybookpub@gmail.com
페이스북 www.facebook.com/happybookpub/
블로그 blog.naver.com/happybookpub

ISBN 979-11-87059-33-2 03190
값 13,000원

지치지 않는 힘

이민규 지음

끌리는책

지치지 않으면
끝까지 갈 수 있다

시간이 정말 빠릅니다. 한 TV 프로에서 어떤 할머니가 이렇게 말하는 것을 들었습니다. "내가 태어날 때는 이 마을에서 내 나이가 가장 어렸어. 그런데 지금은 이 마을에서 내가 제일 나이가 많아."

'어떻게 인간이 50세가 될 수 있을까?' 아주 어린 시절에 했던 생각입니다. 지금도 가끔 그런 생각을 하는데, 제가 벌써 65세 정년이 되어 30년 가까이 몸담았던 교단을 떠나게 되었습니다. '65년의 삶, 30년의 강의'는 참 긴 세월이었고, 정말 많은 일을 했습니다. 하지만 돌이켜보면 순식간에 흘러갔습니다.

저는 복이 참 많은 사람입니다. 감사해야 할 분들이 너무나 많지만 누구보다 감사한 사람들이 있습니다. 제 학생들입니다. 부족한 점이 많았음에도 잘 따라주고 어떤 제안을 하더라도 기꺼이 함께

해준 학생 모두에게 마음 깊이 사랑을 담아 감사드립니다. 여러분이 있었기에 지금의 제가 존재할 수 있었습니다.

퇴직을 앞두고 몇몇 졸업생과 재학생들이 퇴임식을 준비하고 싶다고 했습니다. 저는 오랫동안 퇴임은 조용히 하고 싶다는 신념이 있었기에 퇴임식보다는 저를 교수로서 존재하게 해준 학생들에게 고마움을 전할 방법을 생각하고 있었습니다. 고민 끝에 제가 교단에서 가르치면서, 때로는 이메일이나 사적인 자리에서 학생들에게 해준 이야기 중 일부를 정리하고, 그것으로 책을 만들어주면 좋겠다고 생각했습니다. 그리하여 이 책이 세상에 나오게 되었습니다.

이 책 속의 글들은 주제마다 이야기를 주고받은 대상이나 시간이 다릅니다. 그러다 보니 이야기가 중복되는 부분도 있고, 시제도 통일되어 있지 않습니다. 이 점을 감안하면서 그때 그 자리에서 저와 이야기를 주고받는다는 생각으로 읽어주시면 좋겠습니다.

이 책이 제 학생들과 독자들에게 힘들 때 위로가 되어주고, 지칠 때 힘을 주고, 포기하고 싶을 때 다시 도전할 용기를 주면 좋겠습니다. 흔들릴 때 마음을 붙잡아주고, 미래를 내다보면서도 매 순간을 즐기고 행복하게 살아가는 데 도움이 되기를 바랍니다.

살아가면서 우리는 자주 지칩니다. 견디기 힘든 순간들도 찾아옵니다. 남보다 뒤처지고 있다고 느낄 때, 열심히 했는데도 성과가 눈에 보이지 않을 때, 환경이나 조건이 나를 받쳐주지 않을 때, 목표가 희미해지고 방향을 잃을 때, 우리는 그만두고 포기하고 싶어집니다. 하지만 그럴 때 어떻게 하느냐에 따라 우리의 인생은 완전히 달라질 수 있습니다.

길을 가다 지치면 쉬었다 가면 됩니다. 길을 잘못 들어섰다고 생각되면 되돌아 나오면 됩니다. 어디로 가야 할지 잊어버렸다면 어디로 가고 싶은지 자신에게 다시 질문하면 됩니다. 지치지 않는다는 건 대단한 정신력과 체력을 갖춘다는 의미가 아닙니다.

그만두지 않으면 앞으로 나아갈 수 있습니다. 지치지 않으면 끝까지 갈 수 있습니다. 주변이나 상황, 사람에 휘둘리지 마십시오. 서두르지 마십시오. 타인과 비교하면서 스스로 상처받지 마십시오. 자신의 속도를 잘 유지하면 됩니다. 자신을 믿으면 여러분의 꿈이 여러분을 이끌어줄 것입니다.

헤밍웨이는 이렇게 말했습니다. "직접 해보지 않고는 그 누구도 자기 안에 어떤 재능이 숨어 있는지 알 수 없다." 맞습니다. 여러분 모두에게는 여러분 자신을 포함해서 그 누구도 아직 발견하지 못한 여러분만의 재능이 도사리고 있습니다.

발표하는 일이 두렵고 어려운가요? 괜찮습니다. 생각보다 중요하지 않습니다. 통계실력이 부족한가요? 천천히 익히면 됩니다. 영어가 유창하지 못한가요? 큰 문제가 안 됩니다. 지금 겉으로 드러난 몇 가지 평가로 한계를 긋거나 포기하지 마십시오.

날아다니는 새는 벽을 뚫지 못합니다. 소리 없는 벌레가 벽을 뚫습니다. 내달리는 말은 십 리를 가기 어렵습니다. 뚜벅뚜벅 걷는 소가 천 리를 가고 만 리도 갑니다. 소리 없이 벽을 뚫는 벌레처럼, 만 리를 가는 소처럼, 천천히 가십시오. 꼬물꼬물, 뚜벅뚜벅!

모두 진심으로 감사합니다.

2018년 2월 어느 날
율곡관에서
이민규

CONTENTS

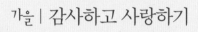

가을 | 감사하고 사랑하기

겨울 | 멈추고 생각하기

봄 ————

멀리 내다보기

인생 로드맵을
그려보라

입학을 축하합니다. 만나게 되어 반갑습니다.

A4 용지 맨 위에 가로로 직선을 길게 그어보십시오. 이걸 생명선
이라고 부르겠습니다. 생명선의 좌측 끝에 '출생'이라고 쓰고 괄
호 안에 '0세'라고 쓰십시오. 그리고 우측 끝에 '사망'이라고 쓰고
괄호 안에 몇 살까지 살다 죽고 싶은지, 그 나이를 적어보십시오.

참고로 2016년 기네스북에는 일본 오카와에 사는 미사요 할머니

가 117세 생일을 맞으면서 최고령자로 등재되었습니다. 그리고 얼마 전 통계청 자료를 기반으로 의학 발달까지 감안한 신개념 기대수명을 계산한 결과, 1971년생의 경우 절반가량(47.3%)이 95세까지 살 수 있다는 연구 결과가 발표되었습니다.

1. 현재 상태
현재 하고 있는 일과 나이(연도)

2. 목표 지점
인생의 최종 목표와 나이(연도)

3. 달성 경로
최종 목표를 이루기 위해 거쳐야 할 단계(징검다리 목표)와 나이(연도)

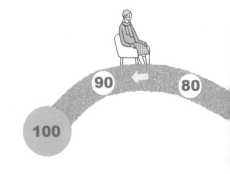

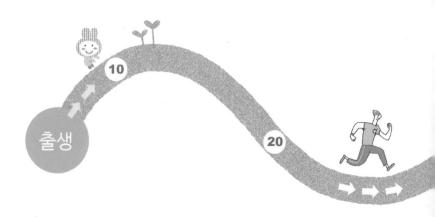

그러므로 여러분은 특별한 문제가 없는 한 95세까지 살게 될 것입니다. 잘하면 117세까지도 살 수 있다는 얘기가 됩니다. 95세부터 117세 가운데 여러분은 몇 살까지 살고 싶은지 선택하십시오. 물론 사망 나이를 선택한다고 해서 그 나이에 죽는 것은 아닙니다. 하지만 몇 살까지 살겠다고 결심하고 사는 사람과, 그냥 열심히 살다가 하늘이 부르면 가겠다는 사람의 인생은 완전히 다릅니다.

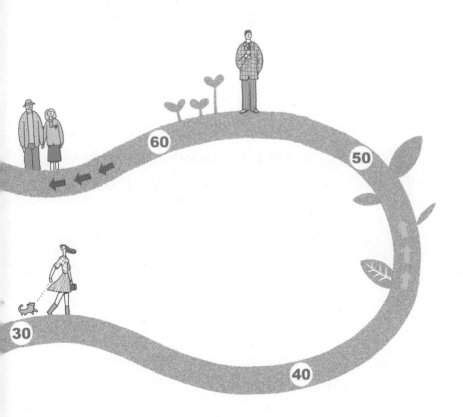

생명선을 다시 한 번 들여다보십시오. 이제 현재 나이의 위치에 사선을 긋고 지금 나이를 쓰십시오. 지금까지 몇 년을 살았고, 앞으로 살날이 몇 년 남았습니까?

이번에는 생명선 아래에 인생 로드맵을 그려보겠습니다. 죽기 전에 반드시 이루고 싶은 꿈과 함께 그 꿈을 이루고 싶은 나이를 적어보십시오. 그리고 그 꿈을 이루기 위해 거쳐야 하는 중간 목표(징검다리 목표)들도 나이와 함께 적어보십시오.

저는 왜 갓 입학해서 새로운 꿈에 부풀어 있는 여러분에게 몇 살까지 살다가 죽을지를 선택하고, 죽기 전에 이루고 싶은 꿈과 함께 그 목표를 달성하는 과정에 대한 인생 로드맵을 그려보라고 하는 것일까요? 이제부터 그 이유를 이야기해보겠습니다.

하버드대학교의 벤필드 교수는 '성공과 행복의 가장 중요한 열쇠는 무엇일까?'라는 주제를 평생 연구했습니다. 벤필드 교수는 어떤 결론을 내렸을까요? 그는 '장기적인 전망(Long-Term Perspective)'이 성공과 행복에 가장 중요한 요인임을 확인했습니다. 즉 행복하고 성공적인 삶을 사는 데 가장 중요한 것은 미래의 관점에서 현재를 살아가야 한다는 것입니다.

상담을 하다 보면 노후에 한숨을 쉬면서 '이것이 내 인생이란 말인가?' 하면서 한탄하는 사람을 많이 만납니다. 그들은 대개 먹고사는 일에 치이고, 자식 키우느라 바빠서 단지 열심히만 살았기에 후회가 많다고 합니다. 다들 열심히 살았는데 왜 후회하고 자신의 인생에 만족하지 못하는 것일까요? 목표 없이, 그냥 열심히만 살았기 때문입니다.

인생 로드맵을 그릴 때 너무 완벽하게 그리려고 애쓰거나 너무 오래 생각할 필요는 없습니다. 이루고 싶은 꿈이나 목표는 언제든지 바뀔 수 있기 때문입니다. 생각이 바뀌면 나중에 얼마든지 고쳐 그릴 수 있으니 지금 생각이 떠오르는 대로 대충 그리면 됩니다. 목표 자체가 중요한 것이 아니라 갈 곳을 정하고 길을 간다는 것이 중요합니다.

티베트의 위대한 정신적 지도자, 지그미 키엔체 린포체는 이렇게 말했습니다. "길을 바꾸는 가장 빠른 방법은 목적지를 바꾸는 것이다." 맞습니다. 목표가 정해지면 모든 것이 달라집니다.

목표는 사람이 만들지만 일단 목표가 만들어지면 목표가 사람을 이끌기 때문입니다. 목표를 정하고 나면 만나는 사람이 달라집니다. 자주 가는 곳도 달라지고, 방문하는 웹사이트나 즐겨 보는 잡지나 신문기사도 달라집니다. 모든 생각과 행동이 목표와 관련해서 우선순위가 재배열되기 시작합니다.

토머스 제퍼슨과 함께 미국 독립선언문의 기초를 작성한 벤저민 프랭클린은 이런 말을 했습니다. "나는 매일 아침 '내가 할 수 있는 일이 뭘까?' 하고 생각하면서 하루를 시작한다. 그리고 저녁에는 '내가 그것을 했는가?' 자문하면서 하루를 마무리한다."

인생 로드맵을 곁에 두고 매일 아침 그날 해야 할 일을 떠올리면서 하루를 시작해보십시오. 저녁에는 그 일을 제대로 했는지 자문하면서 하루를 마무리해보십시오. 그러다 보면 어느 날 문득 스스로도 놀랄 만한 일을 해낸 자신을 발견하게 될 것입니다.

반쯤 미소를
지어보면……

오늘은 수업을 시작하기 전에 여러분에게 부탁하고 싶은 것이 한 가지 있습니다. 앞으로 제 강의를 들을 때는 너무 심각한 표정으로 듣지 않았으면 좋겠습니다. 강의에 집중하는 태도는 좋지만 너무 심각한 표정을 짓고 있으면 강의 내용이 어렵게 느껴질 수도 있고, 공부를 즐기지도 못하기 때문입니다. 또한 심각한 표정으로는 좋은 아이디어도 떠오르지 않기 때문입니다.

'이 벽돌로 할 수 있는 일을 모조리 생각해내세요'는 실제 창의성

검사에 흔히 나오는 문제 유형입니다. 이런 문제를 풀 때, 한 집단에게는 심각한 표정으로, 다른 집단에게는 반쯤 미소를 짓고 생각하도록 하면 어느 쪽이 더 많은 해결책을 만들어낼까요?

저는 대학원 학생들에게 혼자서 논문을 읽을 때도 이를 악물고 심각한 표정으로 읽지 말라고 얘기해줍니다. 대신 반쯤 미소를 지으면서 읽으라고 권합니다. 미소를 짓는 순간 우리는 논문에게 세 가지 메시지를 전달할 수 있습니다.

첫째, 논문아 반가워. 둘째, 나는 네가 좋아. 셋째, 우리는 한편이야. 그러면 논문도 당연히 우리에게 이렇게 화답을 하겠죠? 첫째, ○○야 반가워. 둘째, 나도 네가 좋아. 셋째, 우리는 한편이야.

이를 악물고 심각한 표정으로 논문을 읽는 학생과, 반쯤 미소를 지으면서 논문을 읽는 학생, 누가 더 논문을 즐거운 마음으로 읽을 수 있을까요? 누가 그 논문으로 더 좋은 성과를 낼 수 있을까요?

아리스토텔레스 때부터 인간의 감정을 결정하는 것은 뇌라고 생각했는데 이것을 '정서의 중추설'이라고 부릅니다. 그런데 심리학자들은 다양한 실험을 통해 감정은 뇌가 결정하기도 하지만, 표정과 같은 말초기관에 변화가 일어나면 감정이 달라진다고 주장했습니다. 이것을 '정서의 말초설'이라고 합니다.

근대 심리학의 아버지 윌리엄 제임스는 이렇게 말했습니다. "우리는 행복하기 때문에 웃는 것이 아니라, 웃기 때문에 행복해진다." 이 말을 공부에 적용하면?

'공부가 즐겁기 때문에 미소를 짓는 것이 아니라, 미소를 짓기 때문에 공부가 즐거워진다.' 이 사실은 실험으로도 검증되었습니다. 정말로 미소를 짓고 공부하다 보면 공부가 즐거워지는지, 여러분도 한 번 시도해보면 어떨까요?

1988년 스트렉이라는 심리학자는 실험 참가자들에게 만화를 보여주면서, 한 집단에게는 미소를 지으면서 보게 하고, 다른 집단에게는 심각한 표정으로 보게 했습니다.

만화를 다 본 후, 만화가 얼마나 재미있었는지 물었습니다. 결과는 어땠을까요? 네, 맞습니다. 미소를 짓고 만화를 본 집단이 훨씬 더 재미있다고 평가했습니다.

그럼, 여러분은 지금 제 강의를 어떻게 들어야 할까요? 심각한 표정이면 안 되겠죠? 반쯤 미소를 짓고 들어보십시오. 강의 내용이 다르게 들리고, 기억되는 내용도 달라질 것입니다.

공부뿐 아니라 일을 할 때도 짜증을 내면서 이를 악물고 일하는 사람보다 미소를 지으면서 즐겁게 하는 사람이 더 좋은 성과를 낼 수밖에 없습니다. 건강하고 행복한 삶을 사는 데도 미소는 정말 중요합니다.

실험 한 가지를 더 소개하겠습니다. 1960년 UC 버클리대학교의 대처 켈트너 교수와 그의 제자 리앤 해커는 미소가 삶에서 얼마나 중요한지를 확인하기 위해 여대생들의 졸업앨범 사진을 분석했습니다.

자연스러운 미소가 몸에 밴 여학생과 그렇지 않은 여학생, 이렇게 두 집단으로 분류했습니다. 그리고 30년 동안 스승과 제자가 대를 이어 두 집단의 졸업사진 주인공들이 27세, 43세, 52세가 되는 해에 인터뷰를 실시했습니다.

30년의 추적 조사를 끝내고, 정확하게 40년이 지난 2001년, 켈트

너 교수의 제자였던 리앤 해커가 교수가 되어 놀라운 연구 결과를 발표합니다. 자연스러운 미소의 주인공들은 그렇지 못한 사람들에 비해 훨씬 더 건강했으며 병원 방문 횟수도 적었고 사망률도 낮았습니다. 또 결혼 만족도가 더 높고, 이혼율은 낮았습니다. 심지어 평균 소득 수준도 더 높았습니다.

공자는 "아는 사람은 좋아하는 사람을 이길 수 없고, 좋아하는 사람은 즐기는 사람을 이길 수 없다"는 말을 했습니다. 언제 들어도 정말 맞는 말입니다. 저는 여기에 한 가지를 더 추가하고 싶습니다. '좋아하고 즐기려면 무슨 일을 하든 미소를 짓고 해야 한다'는 말입니다. 성공과 행복의 비밀은 자기가 하는 일을 좋아하고 즐기는 것이고, 일을 좋아하고 즐기는 가장 효과적인 방법은 그 일을 할 때 미소를 짓는 것입니다.

아침에 일어날 때 반쯤 미소를 짓고 일어나 보십시오. 활짝 웃으면 더 좋고요. 행복하게 하루를 시작할 수 있습니다. 숙제가 밀렸을 때, 중요한 발표가 코앞에 다가왔을 때, 논문을 쓰는 데 진도가 잘 나가지 않을 때…… 미소를 지어보십시오. 마음까지 평화로워집니다.

피터 게이는
왜 모르는가?

오늘 친구들의 발표를 들으면서 여러분은 어떤 생각을 했을까요? 교재 내용을 정말 깔끔하게 요약해서 정리를 잘해줬습니다. 그리고 모두 유창하게 발표를 아주 잘했습니다. 그렇죠?

그런데 한 가지 아쉬운 점이 있습니다. 무엇일까요? 교재 내용 정리는 매우 잘했지만 발표자의 관점이나 의견은 없었습니다.

여러분은 지그문트 프로이트(Sigmund Freud)를 알고 있죠? 카를 융

(Carl Gustav Jung)은 어떤가요? 알프레드 아들러(Alfred Adler)는요? 심리학을 전공하는 사람들이니 다들 알고 있는 이름이죠?

그렇다면 혹시 피터 게이(Peter Gay)가 누구인지 아시나요? 아는 사람은 손 들어보십시오. 아무도 손 드는 사람이 없군요. 피터 게이는 프로이트에 대해 누구보다 많이 공부하고 연구해서 프로이트의 전기를 쓴 예일대학교 교수입니다.

카를 융, 알프레드 아들러, 피터 게이, 이 세 사람에게는 공통점이 있습니다. 프로이트를 잘 안다는 것입니다. 친하게 지냈다는 의미가 아니라 프로이트의 학문에 대해서 깊이 이해했던 사람들입니다. 그런데 왜 카를 융과 알프레드 아들러는 우리 모두가 알고 있는데 피터 게이는 모를까요? 딱 한 가지 이유 때문입니다.

카를 융과 알프레드 아들러는 프로이트에게 배웠지만 프로이트에서 벗어나 융은 '분석심리학'으로, 아들러는 '개인심리학'으로, 자기만의 학문세계를 구축했습니다. 그러나 피터 게이는 프로이트에 대한 지식은 누구보다 많았지만 자기 세계를 구축하지 못했습니다.

물론 세상에는 피터 게이 같은 사람도 필요합니다. 하지만 저는 여러분이 피터 게이보다는 카를 융이나 알프레드 아들러 같은 사람이 되면 좋겠습니다.

며칠 전에 대학원생 한 명이 메일을 보내왔습니다. "교수님. 안녕하세요. 이번 학기에 교수님 수업을 수강하게 된 ○○○입니다. 제가 발표를 준비한 챕터는 제1장 서론과 개관입니다. 말 그대로 교재를 전체적으로 훑어보는 내용인데, 어떻게 준비를 해야 할지 막막합니다……."

저는 책 내용대로만 정리해서 전달하려고 하지 말고, 이 과목을 본격적으로 공부하기에 앞서 이 책의 저자나 이 책으로 강의를 하는 교수라는 생각으로 다른 학생들에게 해주고 싶은 이야기를 자기만의 관점에서 정리해보라고 답장을 보냈습니다.

여러분, 혹시 〈죽은 시인의 사회〉라는 영화 보셨나요? 1859년에 세워진 미국의 명문 웰튼고등학교를 배경으로 한 영화입니다. 1990년에 개봉했으니 꽤 오래된 영화네요. 이 영화는 입시 위주의 주입식 교육으로 자유를 억압당하고 꿈을 잃은 학생들에게 따뜻한 인간애와 자기만의 세계를 창조하라는 한 교사의 교육 철학과 그로 인해 변화되어 가는 아이들의 이야기를 다루고 있습니다.

영화 중에 인상 깊은 대사가 참 많습니다. 새로 부임한 키팅 선생님이 시를 공부하는 수업 첫 시간에 시를 평가하는 방법이 실린 교과서 서문을 읽게 한 후, 이렇게 말합니다. "헛소리다. 그 부분은 찢어버려라. 아예 서문을 찢어버려라!"

저는 지금 이 자리에서 여러분에게 똑같은 이야기를 해주고 싶습니다. 교과서는 신성불가침 영역이 아닙니다. 절대 진리도 아닙니다. 그러니까 교과서만 정리해서 발표하려고 하지 마십시오.

키팅 선생님은 자신만의 인생을 살라고 하면서 남의 시만 읽지 말고, 각자 자작시를 지어 오라는 숙제를 내줍니다. 그리고 수업시간에 낭독하게 합니다. 자신이 지은 시를 부끄러워하고 자신 없어 하는 학생에게 이렇게 말해줍니다. "시는 어떤 주제로도 쓸 수 있어. 다만 평범하게만 쓰지 마!"

앞으로는 공부하거나 발표할 때 교과서에 있는 내용을 그대로 외우기만 하거나 그것만 정리해서 발표하지 않았으면 좋겠습니다.

키팅 선생님은 획일성의 위험을 가르쳐주기 위해 학생들을 운동장으로 데리고 가서 대열에서 빠져나와 자기 마음대로 걸어보라고 하면서 이렇게 말합니다.

"인정을 받는 것도 중요하지만 자신의 신념도 존중해야 해. 남이 나를 흉보고 욕해도 말이야." "여러분 각자의 길을 가라. 걸음걸이도 방향도 여러분이 택해라. 당당해도 좋고 우스워도 좋다. 교정은 너희들 것이다. 주저하지 말고 마음대로 걸어봐."

여러분도 선배나 동료가 하는 방법을 보고 참고하는 것은 좋지만 그대로 따라하지 않았으면 합니다. 자신의 생각을 정리하고 자신만의 방식으로 단순한 발표가 아닌 자신만의 강의를 해보는 겁니다.

처음에는 당연히 엉성하고 서툴 수밖에 없습니다. 그래도 괜찮습니다. 중요한 것은 나만의 강의, 나만의 특별한 삶을 선택하는 일입니다. 평생 남이 이루어놓은 업적만 공부하고, 남이 연구한 내용만 정리하면서 살아가지 않기를 바랍니다.

우선 자기만의 독특한 색깔을 찾아보는 겁니다. 공부할 때도, 논문을 읽을 때도, 세미나에 참석할 때도, 진로를 탐색할 때도 나만의 길을 찾아보는 겁니다. 바로 지금부터요.

가끔은 객석에서 다른 사람의 연기에 심취해보는 것도 행복한 일입니다. 하지만 평생 객석에서 박수만 쳐야 한다면 그건 너무 슬픈 일입니다. 나 자신을 위해 무대를 만들고, 그 무대 위의 주인공이 되어봐야 하지 않을까요? 화려한 남의 무대를 향해 박수만 치지 말고, 소박하게라도 자신만의 무대를 지금부터 준비하십시오.

활용하지 않은 지식은
죽은 지식이다

근대 과학혁명에 지대한 영향을 미친 경험론의 선구자 프랜시스
베이컨, 잘 알지요? 그가 한 유명한 말이 있습니다. 바로 '아는 것
은 힘이다'라는 말입니다. 하지만 이 말은 부분적으로만 맞습니다.
아는 것은 활용할 때만 힘이 됩니다.

책을 읽거나 강의를 들을 때, 과제를 작성할 때도 항상 명심할 것
이 한 가지 있습니다. Know-What보다 Know-How가 더 중요하
다는 것입니다. 많이 아는 것은 생각처럼 중요하지 않습니다. 하나

를 알더라도 그것을 제대로 활용할 줄 아는 것이 훨씬 더 중요합니다. 매 챕터 공부할 때마다 그 챕터에서 가장 중요하다고 생각하는 것 한 가지를 찾아보십시오. 그리고 제대로 활용할 수 있는 방법, 남다르게 응용할 수 있는 방법을 찾아보십시오.

지능과 지식이 성공으로 전환되려면……

심리학자들의 연구 결과에 따르면, 성공한 사람들과 IQ와의 관계는 예상보다 미미했습니다. 심리학자 헤른스타인의 연구 결과도 IQ와 직업훈련 프로그램의 이수 성적에는 약간의 상관관계가 있으나, IQ와 직업현장에서의 성취도는 거의 상관이 없는 것으로 나타났습니다.

이것은 무엇을 의미할까요? IQ로 직업교육의 학습 정도는 어느 정도 예측할 수 있지만, 직업현장에서의 성취도는 예측할 수 없다는 말입니다. 헤른스타인은 연구를 통해 실생활의 다양한 상황에서 IQ의 설명력은 10%에도 미치지 못한다고 밝혔습니다.

학교 다닐 때 누구보다 뛰어났지만 어른이 되어서는 평범하게 살아가는 사람을 우리 주변에서 쉽게 만날 수 있습니다. 학교 성적은 별로였지만 나중에 대단한 일을 해내는 사람들도 종종 만납니다. 이들 사이에는 분명 IQ 이외의 뭔가 중요한 다른 요인들이 관여한다는 증거입니다.

> "초등학교 시절 IQ 검사 결과로 나는 '저능아', '학습부진아'라는 꼬리표를 달게 되었다. 하지만 4학년 때 만난 알렉사 선생님은 IQ 같은 것을 절대 믿지 않았다. 나는 그분의 격려와 도움으로 중학교 때 나중에 커서 심리학을 공부해 지능을 연구하기로 결심했다. 알렉사 선생님이 아니었더라면 나는 예일대학교 심리학과 교수가 절대 될 수 없었을 것이다."

지능 분야에서 세계적으로 가장 명망 있는 로버트 스텐버그 박사의 말입니다. 수많은 연구를 통해 그는 기존의 IQ가 성공을 예측할 수 없는 이유를 찾아내고, 성공을 예측할 수 있는 새로운 지능 개념을 만들어냈습니다. 그것이 바로 성공지능지수, 즉 SQ(Success Quotient)입니다. SQ에는 세 가지 요인이 포함되며, 이 세 가지 요소가 조화롭게 결합할 때 성공 가능성이 극대화됩니다.

성공지능의 3요소

1. 분석 능력: 잘못 사용하면 일을 그르칠 수 있다

분석 능력에는 기억력이나 지식의 정도, 논리적 사고력과 비판 능력 등 기존의 IQ 검사에서 측정하고 있는 능력들이 포함됩니다. 분석 능력은 지식이 중요한 비중을 차지하는 공학이나 법학, 또는 의학 분야에 매우 결정적인 역할을 합니다. 외국어를 유창하게 구사하기 위해서는 많은 단어를 알고 있어야 하듯이 탁월한 성과를 이루기 위해서는 반드시 풍부한 지식이 필요합니다. 그러나 지식이 많다고 해서 모두 성과를 내는 것은 아닙니다.

영화 〈레인맨〉의 실제 주인공인 킴 피크는 생후 16개월에 이미 책 한 권을 읽었고, 세 살 때는 아예 사전 한 권을 통째로 외웠습니다. 또한 그는 두 권의 책을 동시에 읽는가 하면, 책을 거꾸로 들고 읽거나 다른 사람들과 얘기하면서도 책을 독파하는 능력을 갖고 있었으며 7800여 권의 책을 전부 외웠습니다. 그러나 그는 특별한 신체적 장애가 없음에도 불구하고 평범한 일상활동도 혼자 힘으로 하지 못했습니다.

중요한 것은 얼마나 많은 지식을 가지고 있느냐가 아니라 그 지식을 얼마나 제대로 활용하느냐에 있습니다. 자칫 잘못하면 '아는 것이 힘이 아니라 병'이 될 수도 있습니다. 분석지능을 잘못 활용하면 상황을 오히려 그르치는 경우가 많습니다.

예컨대 부부간에 논쟁을 할 때 빈틈없이 완벽한 논리와 추론 능력을 동원해 아내를 궁지로 몰아넣는 남편이 있다고 칩시다. 그는 과연 논쟁에서 승리한 것일까요? 이런 경우 논리적 명쾌함은 결코 좋은 해결 방법이 아닙니다.

IQ가 아주 높은 사람들은 종종 자신의 분석 능력을 지나치게 믿기 때문에 오히려 일을 그르치기도 합니다. 지식과 분석 능력은 그것을 적용해서 뭔가 성과를 낼 때만 가치가 있습니다. 성공지능이 높은 사람들은 분석지능을 적절하게 활용하는 방법을 알고 있습니다.

2. 실용 능력: 구슬이 서 말이라도 꿰어야 보배

마케팅 전공 교수 중에 눈에 띄는 마케팅 업적을 내는 경우는 매우 드뭅니다. 경제학 교수가 투자로 큰돈을 벌었다는 이야기도 별로 듣지 못했습니다. 이론을 아는 것과 실천은 다르기 때문입니다. 실용 능력이란 일상 속에서 상황에 맞게 지식을 잘 활용해 가장 효과적인 해결책을 찾아내는 능력을 말합니다.

앞에서 언급한 스텐버그 박사는 《성공지능》이라는 책에서 재미있는 일화와 함께 분석지능의 한계와 실천적 지능의 중요성을 설명했습니다.

성격이 아주 다른 두 소년이 숲 속을 걸어가고 있었다. 첫 번째 소년은 교사와 부모 모두에게 똑똑하다는 평을 받았으며 학교 성적도 매우 뛰어났다. 두 번째 소년은 똑똑하다는 말을 들어본 적이 없고 성적도 신통치 않았다. 기껏해야 눈치가 좀 빠르다거나 현실감각이 좋다는 말을 가끔 들었을 뿐이다. 두 소년이 숲 속을 걸어가고 있는데 갑자기 거대한 회색 곰이 이들을 향해 달려왔다. 첫 번째 소년은 그 곰이 17.3초 만에 정확하게 그들을 따라잡을 것이라는 것을 알고 공포감에 빠졌다. 두 번째 소년은 침착하게 운동화 끈을 고쳐 매고 있었다. 첫 번째 소년이 두 번째 소년에게 말했다. "넌 정말 멍청하구나! 우리는 절대 저 곰보다 빨리 달릴 수 없어!" 그러자 두 번째 소년이 말했다. "그건 사실일지 몰라. 하지만 난 너보다 빨리 달리기만 하면 돼."

이 이야기의 주인공인 두 소년은 모두 똑똑합니다. 그러나 똑똑한 방식은 다릅니다. 첫 번째 소년은 분석지능을 동원해 정확하게 문제를 분석했습니다. 그러나 두 번째 소년은 상황을 정확하게 파악해 실천 가능한 해결책을 찾아냈습니다.

자연에서는 가장 힘이 세다는 것만으로 생존을 보장받을 수 없습니다. 단지 환경에 적응하는 개체만이 생존할 수 있습니다. 이런 적자생존의 원리는 인간사회에도 그대로 적용됩니다. 똑똑하고 아는 것이 많다고 해서 성공할 수 있는 것은 아닙니다. 상황에 맞게 지식을 활용하는 사람이 경쟁에서 밀리지 않고 성공할 수 있습니다.

게임에 참여할 수 있는 자격은 분석지능에 의해 결정될지 몰라도 본 게임에 출전해서 이길 수 있는 기회는 항상 실용지능을 가진 사람들에게 주어집니다. 세일즈맨이 해야 할 가장 중요한 일은 지식을 많이 쌓는 것이 아니라 지식을 활용해 다양한 고객을 효과적으로 설득하는 것입니다. 실용지능은 의과대학 입학에는 별로 영향을 미칠 수 없을지 모릅니다. 그러나 나중에 병원을 개업했을 때는 성패를 좌우하는 결정적인 요인으로 작용할 수 있습니다.

저는 대학원생을 선발할 때나 어딘가에 추천할 때 그 사람이 현장에서 팀의 일원으로 일을 잘해나갈 수 있을지를 먼저 살핍니다. 아무리 성적이 뛰어나도 실용 능력이 부족한 사람은 그 분야에서 오래 버티지 못하고, 성과를 내지도 못하기 때문입니다. 구슬이 서 말이라도 꿰어야 보배가 됩니다.

3. 창의적 능력: 대체 불가능한 자원이 돼라

성공하려면 보통 사람들과는 다른 방식으로 정보를 수집하고, 다른 방식으로 분석하며, 다른 방식으로 행동할 수 있어야 합니다. 이것이 바로 차별성이며 창의적 능력입니다. 유능한 과학자, 훌륭한 예술가와 발명가, 최고의 부자들은 모두 하나같이 보통 사람들과는 다른 시각으로 세상을 바라봅니다.

요즘 세상은 창의적인 사람들에게 전에 없이 많은 기회를 주고 있습니다. 그러므로 성공하려면 스스로를 어느 누구와도 대체하기 힘든 자원으로 가꾸어야 합니다. 대체할 수 없는 인적 자원이 된다는 말은 창의적인 개인이 된다는 말입니다. 여러분은 남들과 어떤 점에서 다를까요? 그 차이점을 어떻게 생산성으로 연결시키고 있을까요?

한글 자모 24자는 아무런 의미가 없습니다. 그러나 그것이 일단 단어로 조합되면 전달하고자 하는 거의 모든 생각을 표현할 수 있습니다. 그래서 작가는 한글 자모가 24개에 불과하다고 실망하거나 투덜거리지 않습니다. 음악가 역시 단 7음계만을 사용해서 수많은 명곡들을 작곡합니다.

미국의 문학, 경영 분야뿐 아니라 일반 대중에게도 지대한 영향을 미친 시인이자 목사인 랠프 왈도 에머슨은 오래전에 이렇게 말했습니다. "누군가가 자기 이웃보다 쥐덫을 잘 놓는다면, 그가 아무리 숲 속에 집을 짓고 살아도 세상 사람들이 그의 집 문을 두드릴 것이다." 이 말은 쥐덫이 별로 필요 없는 이 시대에도 여전히 진리입니다.

머릿속의 울타리를
걷어내라

개강 첫날 실시했던 설문 중에 10년 후 예상 월수입을 묻는 항목
이 있었습니다. 여러분의 응답을 살펴보면서 여러 가지 생각이 들
었습니다. 이렇게 열심히 공부하면서도 왜 내 학생들은 평균 월수
입을 이 정도밖에 예상하지 못하는 것일까?

10년 후 자신의 월수입을 250만 원 정도로 예상한 경우도 꽤 많았
습니다. 요즘 10년차 직장인의 수입이 어느 정도인지도 잘 모르는
것 같습니다. 두세 명의 학생은 예상 월수입을 500만 원 정도로

적었습니다. 돈은 중요하지 않다고 말하고 싶은 학생도 있을 겁니다. 맞습니다. 한 달 수입이 얼마인지가 그렇게 중요한 것은 아닐 수도 있습니다.

하지만 저는 내 학생들이 열심히 공부한 만큼 경제적인 문제로 힘들어하지 않기를 바랍니다. 이왕이면 소득세도 많이 내고 기부도 많이 하고 가치 있는 일도 많이 하면서 사회에 더 많이 기여하는 사람이 되기를 바랍니다.

기업 경영에는 생존부등식이 존재합니다. '원가 < 가격 < 가치'라는 부등식이 성립되어야 기업은 생존할 수 있다는 의미입니다. 기업이 생존하려면 원가보다 가격이 높아야 합니다. 그런데 가격에 비해 소비자에게 제공하는 가치는 더 높아야 합니다. 소비자에게 가치를 제공하지 못하면서 무조건 가격만 높이면 기업은 망하게 됩니다.

여러분이 예상 월수입을 훨씬 더 높게 잡아야 하는 이유가 있습니다. 우리가 예상 수입을 높게 잡으면 어쩔 수 없이 그 수입에 상응하는 가치를 제공할 수 있어야 합니다. 더 많은 가치를 제공하려면 당연히 공부도 열심히 해야 하고, 공부한 내용을 남다르게 활용할 수 있어야 하고, 대체 불가능한 자원이 되어야 합니다.

왜 우리 학생들은 대학원까지 진학해서 이토록 열심히 공부를 하는데도 10년 후 수입을 적게 예상하는 것일까요? 저는 우리 스스로 한계를 긋고 살기 때문이라고 생각합니다.

여러분만이 아닙니다. 얼마 전 제 책 《실행이 답이다》를 읽은 독자 한 분이 자신이 실천한 경험을 메일로 보내주었습니다. "교수님, 공개선언의 위력 정말 대단합니다. 아이들에게 방을 치우게 하는 일이나 남편에게 설거지를 부탁하는 것도 공개선언의 원리를 적용하니 너무 재미있습니다."

또 이런 메일도 있었습니다. "교수님 책에 쥐를 잡으려면 쥐의 머릿속에 들어가 쥐처럼 생각하라는 말이 있는데, 고객을 만나기 전에 항상 고객의 머릿속으로 들어가 보니 여러 가지 아이디어들이 떠올랐어요. 실제로 고객과 점심 한 끼를 먹더라도 이전과는 다르게 행동하게 돼요." 저는 다음과 같이 답 메일을 보냈습니다.

"제게 메일을 보내주시는 걸로 끝내지 마시고, 그걸 모아서 하나의 파일로 만들어보십시오. 그리고 가끔씩 들여다보면서, 새로운 생각이나 관련된 신문기사, 또는 책 내용이 있으면 거기다 추가하십시오. 그리고 한 달에 한 번이라도 각각의 내용에 주제를 달아 다시 정리를 해보십시오. 한 달, 두 달, 1년, 2년, 3년 그렇게 모으다 보면 어느 날 '우와! 이거 책으로 내도 되겠다'는 생각이 들게 됩니다. 책을 읽고 그 내용을 활용해 가족이나 고객을 대하면서, 일하는 방식에 변화를 주면서, 새로운 인생 목표를 만들어 실천하고, 그로 인해 일어난 변화들을 자신의 책으로 내면 좋지 않을까요?"

그랬더니 바로 다음 날 답장이 왔습니다. "교수님도 참, 책은 아무나 쓰나요?" "물론 저도 책을 쓰면 좋겠죠. 그런데 책 읽을 시간도 없고, 글짓기도 제대로 공부한 적이 없는데 제가 어떻게 책을 쓰겠습니까?"

아직 40세도 안 된 분이었습니다. 100세까지 산다면 앞으로 살날이 60년이나 남았는데 왜 책을 쓸 수 없다고 했을까요? 60년이라면 4년제 대학을 무려 열다섯 번이나 졸업할 수 있는 엄청난 시간입니다. 책을 안 읽었다면 지금부터 읽으면 되고, 글짓기 공부를 못했다면 지금부터 글쓰기 공부를 하면 됩니다.

물론 그분의 마음이 이해는 됩니다. 지금까지 살아온 40년 동안의 자신을 돌아보면 책을 낼 만한 그 어떤 가능성도 찾아내지 못했을 겁니다. 중·고등학교 시절에 글짓기 대회에서 상을 받아본 적도 없고, 대학시절 책을 많이 읽거나 논문을 잘 썼다고 칭찬을 받은 적도 없었을 테니까요.

실은 많은 사람들이 비슷합니다. 지금까지 살아온 자신의 모습을 근거로 미래를 예상합니다. 문제는 과거에 얽매어 미래를 제대로 보지 못하는 데 있습니다.

세계적인 건축가이자 수학자이고, 시인이기도 한 버크민스터 풀러는 이런 말을 했습니다. "애벌레 속에는 훗날 그것이 나비가 될 거라고 말해줄 수 있는 그 무엇도 들어 있지 않다." 정말 많은 사람들은 그렇게 생각합니다. '지금까지 애벌레였으니 앞으로도 계속 애벌레로 살게 될 것이다'라고요. 하지만 애벌레는 어느 날 화려한 변신을 하여 나비가 됩니다.

애니메이션 〈치킨런〉을 본 적 있나요? 우리말로 번역하면 '닭들의 탈출'쯤 되겠죠? 그 영화의 주인공, 암탉 진저는 양계장의 닭들에게 자유를 찾아 양계장을 탈출하자고 제안합니다. 그러자 닭들은 도망치다 잡히면 통닭구이가 될 게 뻔한데, 그냥 맛있는 사료나 먹으면서 알만 낳으면 되지 뭐 하러 목숨을 걸고 탈출하느냐고 반문합니다.

진저는 닭들에게 이렇게 외칩니다. "당신들을 가로막고 있는 장벽이 뭔지 아세요? 양계장의 울타리가 아니라 바로 당신들 머릿속에 쳐져 있는 울타리입니다." 우리의 삶을 방해하는 가장 큰 장애물은 외부에 있지 않습니다. 바로 우리 안에 있습니다.

나치 수용소에서 구사일생으로 살아남아 《죽음의 수용소에서》라는 책을 쓴 정신과의사 빅터 프랭클도 이런 말을 했습니다. "사람들은 저마다 자기 안에 수용소를 갖고 있다." 자동차의 왕 헨리 포드는 "당신이 할 수 있다고 생각하건 할 수 없다고 생각하건 당신은 옳다"라는 말을 남겼습니다.

우리 스스로 가치 있는 존재라고 생각해야 정말 가치 있는 일을 할 수 있습니다. 책을 쓸 수 있다고 생각하면 실제로 책을 쓰게 됩니다. 새롭게 시도해서 우리 안에 잠재한 재능을 찾아내기만 한다면 우리의 삶은 얼마든지 달라질 수 있습니다.

이 일을 선택하면
어떤 일이 일어날까?

세상을 놀라게 하는 대형 사고들은 작은 문제에서 시작되는 경우
가 많습니다. 인간관계의 심각한 갈등 역시 대개는 하찮게 생각한
작은 일 때문에 시작됩니다. 대부분의 위대한 발견들이 사소한 변
화에 주목한 결과인 것처럼 남들이 하찮게 여기는 작은 일을 조금
만 남다르게 접근하면 삶의 질을 완전히 바꿀 수 있습니다.

사소한 일도 부정적인 관점으로 접근하면 커다란 문제로 발전하
고, 반대로 작은 일도 긍정적인 방향으로 지속하면 위대한 성취로

이어집니다. 1%의 미세한 차이가 99% 다른 결과를 가져올 수 있다는 사실을 받아들이면 조만간 우리의 삶은 완전히 다른 방향으로 전개됩니다.

어떻게 하면 지금보다 더 긍정적인 선택을 할 수 있을까요? 가장 좋은 방법은 아주 작은 일을 선택할 때도 다음과 같이 스스로에게 질문하는 습관을 만드는 것입니다. '이 일을 선택하면 어떤 일이 일어날까? 그리고 그 일은 어디로 이어질까?' 이렇게 우리의 선택이 만들어낼 나비효과에 대해 자문하다 보면 우리는 지금보다 훨씬 더 현명한 선택을 할 수 있습니다.

1972년 MIT대학교의 기상학과 교수 로렌츠(Edward N. Lorenz)는 워싱턴의 한 학회에서 '예측: 브라질에 있는 나비 한 마리의 날갯짓이 텍사스에 토네이도를 일으킬 수 있을까?(Predictability: Does the Flap of a Butterfly's Wings in Brazil set off a Tornado in Texas?)'라는 다소 황당한 제목의 논문을 발표했습니다.

그는 바람의 경로를 그래프로 그려내기 위해 기온과 기압에 관한 방정식, 기압과 풍속에 관한 방정식 등 12개의 방정식을 컴퓨터에 프로그래밍해서 자료를 입력하고 그 결과를 관찰했습니다. 그러고 나서 한 시간쯤 지나자 컴퓨터 모니터에는 전혀 예상치 못한 결과가 나타났습니다.

원인은 소수점 여섯째 자리 자료인 0.506127이 소수점 셋째 자리 까지(0.506)만 입력되었기 때문이었습니다. 1000분의 1 정도밖에 안 되는 미미한 차이였지만 반복 계산 과정에서 오차가 불어나 바람의 방향을 걷잡을 수 없이 바꿔놓은 것입니다.

로렌츠 교수는 이것이 기후 변화의 본질적인 특성임을 직감했습니다. 그리고 이를 계기로 초기 조건의 미세한 차이가 시간이 지날수록 증폭되어 기후를 완전히 뒤바꿀 수 있음을 증명했습니다. 이를테면 브라질에서 나비 한 마리가 팔랑거리면서 만들어진 작은 공기의 흐름이 수만 리를 이동하면서 한 달쯤 후에는 미국 텍사스에 회오리바람을 일으킬 수 있다는 것입니다.

이 논문이 발표된 후 이처럼 초기 값의 미미한 차이가 시간이 지나면서 점차 증폭되어 예상치 못한 결과를 만들어내는 현상을 '나비효과(Butterfly Effect)'라고 부르게 되었습니다. 나비효과는 이제 기상학뿐만 아니라 우리 삶의 모든 영역을 설명하는 중요한 개념이 되었습니다.

인간관계나 비즈니스에서도 성공과 실패의 차이는 모두 사소한 데서 출발합니다. 그러므로 사소한 것은 결코 사소한 것이 아닙니다. 무슨 일을 하건 잠시 멈추고 생각할 시간을 가져보십시오. 그리고 스스로 질문해보십시오. '이 일을 선택하면 어떤 일이 일어날까? 그리고 그 일은 어디로 이어질까?'

멀리 가려면
쉬어 가라

많은 사람들이 사전에 조금만 신경을 썼다면 얼마든지 예방할 수 있는 일인데 일이 터져 심한 고통을 겪고 난 다음에야 후회하곤 합니다. 건강 문제도 마찬가지입니다. 저는 지난 몇 달 동안 목 디스크 때문에 엄청난 고통을 겪었습니다. 아직 완치가 된 건 아니지만 사전대비가 얼마나 중요한지 얼른 알려주고 싶어 얘기를 꺼냅니다.

2013년 7월 초 어느 날 한 학기를 무사히 마치고 여름 방학이 되면 해야 할 일을 구상하면서 뿌듯한 마음으로 잠자리에 들었습니다. 그런데 새벽에 목이 뻐근하게 아파 잠에서 깼습니다. 시간이 지나면 나아질 거라 생각했는데 좀처럼 풀릴 기미가 없고 오후가 되면서 오히려 어깨와 등의 통증이 조금씩 심해졌습니다.

'사우나에 가면 풀리겠지' 하면서 갔으나 통증은 점점 더 심해졌습니다. 그대로 두면 안 될 것 같아 동네 한의원에 갔습니다. 침을 맞고 나니까 통증이 한결 줄어서 그날 저녁 자고 일어나면 괜찮아질 것 같았습니다.

통증이 점점 더 심해졌지만 침을 맞으면 통증이 줄어드는 것 같아 한의원을 며칠 다녔습니다. 차도가 없어 병원에 갔더니 대상포진 초기라면서 일주일만 약을 먹으면 완치된다고 했습니다. 일주일이 지나도 통증이 가라앉지 않는다고 하니까 어깨에 주사를 몇 대 놔주었습니다. 주사를 맞고 난 직후엔 신기하게도 통증이 사라졌습니다.

하지만 그다음 날은 이전보다 통증이 더 심해졌습니다. 다시 병원을 방문해 통증이 도대체 가라앉을 기미가 보이지 않는다고 했더니 목에 문제가 있을지도 모르겠다면서 엑스레이 촬영을 권했습니다. 촬영 결과를 확인해보더니 목 디스크 같다고 했습니다. 결과적으로 대상포진은 오진이었고, 그로 인해 목 디스크 치료는 열흘이나 늦어졌습니다.

점점 더 통증이 심해졌습니다. 왼손에 힘이 빠지면서 왼손 엄지손가락이 마치 비닐 테이프가 붙어 있는 것처럼 감각마비 증상이 나타났습니다. 팔이 저리고 등과 어깨, 팔이 욱신욱신 쑤시기 시작했습니다. 너무 통증이 심해 통증 클리닉을 방문했습니다. MRI 검사 결과, 목 디스크가 심한 상태라면서 경추 내에 주삿바늘을 삽입해 신경치료를 해야 한다고 했습니다.

엑스레이를 보면서 목뼈 안에 주사를 놓는 신경치료를 받고 나면 즉시 통증이 가라앉아 의사가 무슨 마법을 발휘하는 것 같았습니다. 하지만 두세 번의 경추 내 주사시술과 함께 진통소염제를 복용했으나 약기운이 떨어지면 통증은 다시 심해졌습니다.

앉아 있어도 아프고, 걸어도 아프고, 누워도 아프고 제일 괴로운 것은 잠을 잘 수가 없다는 것이었습니다. 수면제를 복용해도 한두 시간 자다가 통증 때문에 깨곤 했습니다. 뜬눈으로 밤을 새우는 날이 늘어났습니다. 이를 악물고 통증을 참다 보면 두근두근두근…… 심장 뛰는 소리가 밖에서 들릴 정도로 커서 이러다가 심장 마비가 일어날 수도 있겠구나 하는 두려움이 들기도 했습니다.

극심한 통증과 그로 인한 불면의 괴로움……. 겪어보지 않으면 알 수 없는 그런 고통을 난생처음 겪었습니다. 이 병원 저 병원 다니면서 약물과 주사를 포함해 온갖 치료를 다 받아봐도 통증을 통제할 수 없고 수면제를 먹어도 잠을 이룰 수 없었습니다. '말기암 환자들이 이래서 안락사를 선택하겠구나' 하는 생각이 들 정도로 통증은 점점 더 심해졌습니다.

어떤 병원에서는 물리치료만 꾸준히 받으면 좋아진다고 하고, 어떤 병원에서는 추나요법이라고 목부터 시작해 온몸의 뼈를 틀고 밀어 뼈를 제자리로 맞춰야 치료가 된다고 했습니다. 진단과 증상은 같은데 의사마다 치료 방법이 제각각이었습니다.

수개월 동안 이 병원 저 병원을 다니면서 약을 복용하고 물리치료를 받으면서 마사지, 헬스 트레이너의 지도하에 스트레칭과 운동을 하면서 조금씩 좋아지는 듯하다가 다시 악화되고 다시 좋아지고를 반복하면서 정말 아주 조금씩 눈에 띄지 않게 증상이 호전되어갔습니다.

그리고 4개월째에 접어드는 10월 말부터 서서히 아주 서서히 왼 팔의 저림 증상이 줄어들고, 근력이 조금씩 회복되면서 통증도 줄 어들기 시작했습니다. 느낄 수 없을 정도로 아주 조금씩……

그런데 저는 목 디스크 때문에 모니터를 멀리해야 함에도 불구하 고 왜 이런 글을 쓰고 있는 것일까요? 여러 병원을 전전하면서 많 은 의사를 만났지만, 어떤 의사도 목 디스크의 원인이나 자가치료 방법을 자상하게 알려주지 않았습니다. 모니터를 단 10분도 보기 힘들고, 모니터를 보는 것이 목 디스크에는 쥐약처럼 해롭다고 하 는데도 답답한 마음을 풀기 위해 목 아픈 것을 견디면서 인터넷에 서 자료를 뒤지기 시작했습니다.

한 5분 정도 보다가 눕고 다시 일어나 컴퓨터를 켜고……. 그렇게 자료를 뒤지던 어느 날 새벽 문득 킴벌리 커버거의 시 〈지금 알고 있는 걸 그때도 알았더라면(If I knew then what I know now)〉이 문 득 떠올랐습니다. '지금 알고 있는 이 내용을 예전에 알고 있었더 라면……. 누군가 나에게 목 디스크가 얼마나 고통스러운지, 어떻 게 하면 예방할 수 있는지 조금만 미리 알려줬더라면 내가 이렇게 고생하지 않아도 되었을 텐데……' 하고 생각했습니다.

그래서 결심했습니다. '내가 목 디스크라는 웅덩이에서 빠져나오면 사랑하는 내 아이들과 학생들만은 내가 빠진 그 웅덩이에 빠져 나처럼 고생하지 않도록 표지판을 세워줘야겠다'고.

알고 보니 목 디스크는 심하면 전신마비까지 올 수 있는 정말 무서운 병이었습니다. 그런데도 그건 나하고는 거리가 먼 남의 일로만 생각하고 있었습니다. 모르긴 해도 이 글을 읽고 있는 여러분도 지금은 그렇게 생각하고 있을 것입니다.

극심한 통증에 시달리면서도, 모니터 작업은 말할 것도 없고 책을 한 페이지도 읽지 못하면서, 의자에 앉아 있는 것 자체가 고역이었던 몇 달 동안 저는 내 목 디스크에게 내게 가르쳐주려는 것이 무엇인지 물었습니다. 목 디스크는 나에게 몇 가지 중요한 사실을 가르쳐주었습니다. 요지는 이렇습니다.

첫째, 몸이 보내는 신호에 귀를 기울여라. 나는 그동안 감기 한 번 안 걸렸다고 교만을 떨면서 살아왔다. 목이 뻐근하고 허리가 아파도 조금만 더, 조금만 더 하면서 신호를 무시했다. 지금 겪고 있는 고통은 그동안 내게 혹사당한 목의 보복이다. 몸이 보내는 신호에 귀를 기울이고 몸에 대해 배려하라.

둘째, 사후수습보다 사전대비에 치중하라. 무슨 일이건 문제가 터진 후의 사후수습은 사전대비에 비해 언제나 훨씬 더 큰 대가를 치러야 한다. 건강은 더욱더 그렇다. 최고의 치료는 예방이라고 생각하고, 예방에 더 많이 신경을 써라. 사전대비를 소홀히 하면 훗날 끔찍한 대가를 치르게 된다.

셋째, 조금 가려면 쉬지 말고, 멀리 가려면 쉬어 가라. 빨리 그만 두려면 무리해서 하고 오래 하려면 틈틈이 쉬어야 한다. 항생제 등의 발달로 인간의 수명은 늘어났지만 뼈나 관절의 수명은 그만큼 늘어나지 않았다. 그러므로 잠깐씩이라도 수시로 휴식을 취하라. 바른 자세로 앉고 걸으며, 무리가 가지 않는 운동으로 관절을 잘 간수하라.

건강을 잃으면 모든 것을 잃게 됩니다. 귀에 못이 박히게 들은 말이지만 이번만큼 절실하게 느낀 적이 없었습니다. 사랑하는 내 학생들은 내가 빠진 웅덩이에 절대로 빠지는 일이 없기를 기원합니다. 여러분은 공부를 하는 사람들이기 때문에 오랫동안 같은 자세를 유지할 수밖에 없습니다.

하지만 같은 자세를 오래 유지하면 공부를 오래 할 수 없습니다.

공부는 평생 해야 하는 마라톤입니다. 실도 너무 잡아당기면 끊어지고 몸도 쉴 틈을 주지 않고 너무 무리하면 한순간에 무너집니다. 목 디스크나 허리 디스크는 30분에 한 번, 30초 만의 자세 변화와 스트레칭만으로도 얼마든지 예방할 수 있습니다. 빨리 그만두려면 쉬지 말고, 오래 가려면 쉬엄쉬엄 하십시오.

여러분은 아직 젊기 때문에 이런 말이 절실하게 와 닿지 않을 수도 있습니다. 하지만 건강 문제는 조금씩 조금씩 쌓여 어느 날 갑자기 심각한 문제로 나타납니다. 내 학생들이 건강한 몸과 마음으로 오래오래 하고 싶은 일을 즐기기를 기원하면서 그동안 모으고 정리한 목 디스크의 구조, 증상, 치료 및 예방과 관련된 내용의 자료를 첨부합니다. 2013. 10. 27(일)

* 2013. 10. 27(일) 학생들에게 발송한 이메일에는 자료를 첨부했지만 이 책에는 내용이 많아 생략합니다.

여름 ———

남다르게 시도하기

사람은 자기를 기다리게 하는 자의
결점을 계산한다.
- - 프랑스 속담

15분 전에는
도착하라

지각하는 학생들은 늘 있습니다. 거의 같은 학생들이 매번 지각을
합니다. 앞으로는 지각을 하지 않기 바랍니다. '5분밖에 안 늦었는
데 뭐……' 하면서 강의가 시작된 직후에 들어오는 학생들도 있습
니다. 하지만 '9시 5분'은 '9시'가 아닙니다.

저는 학생들에게 절대 지각하지 말라고 강조합니다. 패턴은 반복
되기 마련이고 학교 다닐 때 시간을 지키는 습관을 들여야 나중에
취업해서도 시간을 지키게 되기 때문입니다. 신용을 잃으면 모든

것을 잃게 됩니다. 그리고 신용을 평가하는 가장 경제적이고 가장 확실한 척도는 시간을 지키는지 여부입니다.

"약속시간에 늦는 사람하고는 동업하지 말라"는 말이 있습니다. 하나를 보면 열을 알 수 있다고, 시간을 지키지 않는 사람은 다른 약속도 지키지 않기 때문입니다. 우리는 돈을 빌리고 난 후 갚기로 한 약속을 지키지 못하는 사람을 신용불량자라고 부릅니다. 물론 한두 번 정도는 사정이 있을 수 있겠지요. 하지만 지각이 습관이 되면 약속을 지키지 않는 신용불량자와 다를 바 없이 될 가능성이 높습니다.

그러므로 앞으로는 반드시 수업시간 전에 들어와야 합니다. 더 나아가서 남보다 먼저 강의실에 들어와 보십시오. 많은 것이 달라집니다.

협상을 할 때, 먼저 온 사람과 나중에 온 사람 중 누가 더 유리할까요? 먼저 온 사람입니다. 왜? 먼저 도착해서 상대방을 기다리면 상대가 미안함을 느끼게 되고, 그렇게 되면 늦게 온 사람은 뭔가를 양보해야 한다는 심리적 압박감을 느끼게 되므로 협상에서 유리한 결과를 얻기 훨씬 쉬워지기 때문입니다.

호감을 사고 싶은 사람이 있다면 약속시간보다 먼저 가서 사전에 데이트 코스를 둘러보는 것이 좋습니다. 약속 장소에 먼저 도착해서 상대가 좋아할 자리를 확보하고 미리 메뉴를 살펴보는 겁니다.

여러분은 언제 강의실에 들어오나요? 아주 소수의 학생은 일찌감치 자리를 잡고 느긋하게 강의시간을 기다립니다. 대부분의 학생은 강의가 시작되기 직전에 헐레벌떡 뛰어 들어옵니다. 그리고 아주 소수는 강의가 시작한 후에 살금살금 들어옵니다.

그럼 과제 제출은 어떨까요? 대부분의 학생은 교수가 정해준 데드라인에 맞춰 제출합니다. 약속 장소에는 언제 나갈까요? 역시 약속시간에 맞춰서 나갑니다. 그들 대부분은 무슨 일을 하건 항상 시간에 쫓기거나 겨우겨우 맞추면서 살아갑니다.

언젠가 제 아이가 아침에 빈둥거리고 있기에 왜 학교 안 가고 그러고 있냐고 물어보았습니다. 대답은 "수업이 2교시인데 지금 가면 너무 빨라요"였습니다. 이 말을 듣고 저는 한마디해줬습니다.

"너는 먼저 가 있으면 마치 큰 손해라도 보는 것처럼 말하는데 너무 늦는 것은 있어도 너무 빠른 것은 없다. 놀더라도 학교 가서 놀고, 강의실에도 남보다 미리 가 있는 습관을 들여봐라. 그러면 여러 가지 좋은 점이 있다. 첫째, 남보다 먼저 가 있으면 남다르다는 자부심을 갖게 된다. 둘째, 미리 가서 수업 준비를 하면 집중도도 높아지고, 공부가 재미있어진다. 셋째, 어떤 곳에서든 가장 먼저 나타나면 너는 다른 사람들에게 특별한 사람이 된다."

잭 웰치 GE 전 회장의 강의를 들은 한 젊은이가 물었습니다. "어떻게 해서 그 시대의 젊고 야망 넘치고 성공 지향적인 다른 동료들 사이에서 남다른 성과를 낼 수 있었습니까?" 잭 웰치는 이렇게 대답했습니다.

"좋은 질문입니다. 모든 사람들이 들어야 할 중요한 질문을 했습니다. 여러분이 가장 먼저 이해해야 할 것은 '무리'에서 빠져나오는 것이 얼마나 중요한지를 이해하는 것입니다(The first thing you must understand is the importance of getting out of 'the pile')." 남다른 삶을 살고 싶다면 다수대중의 무리에서 빠져나와야 합니다.

영화감독 우디 앨런은 "성공의 80%는 현장에 나타나는 것으로 결정된다"고 했습니다. 기회를 잡으려면 일단 현장에 나타나야 합니다. 그리고 기회를 포착할 수 있는 확률을 높이는 가장 경제적인 방법은 남보다 먼저 현장에 나타나는 것입니다. 자기 자신을 차별화하고 싶다면 남다르게 행동해야 합니다.

늘 소란을 떨면서 바쁘게 사는 것 같은데도 별 소득이 없는 사람이 많습니다. 그들은 항상 발등에 불이 떨어져야 메뚜기처럼 이리 뛰고 저리 뛰며 살고, 약속시간에 겨우 맞추거나 준비가 덜된 상태로 나타납니다.

반면에 조용조용 여유롭게 일하면서도 알차게 살아가는 사람들도 있습니다. 자세히 들여다보면 그들에게는 작은 차이가 있습니다. 그들은 어디서건 남보다 일찍 움직이고 먼저 도착합니다. 무슨 일을 하건 먼저 나타나는 사람은 더 많은 기회를 잡게 됩니다. 영국의 해군제독 넬슨은 이렇게 말했습니다. "내 인생의 모든 성공은 항상 '15분 일찍' 시작한 덕분이었다."

제갈정웅 대림대학 이사장은 지인들에게 '15분 맨'으로 통합니다. 11시 30분에 종로 보신각 앞에서 만나기로 했다면 어김없이 11시 15분에 나타납니다. 그는 15분 먼저 약속 장소에 도착해서 만날 사람과 대화할 내용을 미리 적어보고, 그 장소에 대한 단상도 짤막하게 메모한다고 합니다.

저는 외부 강의가 있을 때 적어도 30분에서 1시간 정도 일찍 도착합니다, 지방으로 출강하는 경우는 강의시간이 오후라도 아침 일찍 출발합니다. 일찍 출발하면 예상치 못한 돌발 사태로 길이 막혀도 진땀을 빼지 않아도 됩니다.

시간이 많이 남으면 강의장 부근에서 느긋하게 강의 준비를 하거나, 그 지역을 둘러보고 거기서 느낀 점에 대해 얘기를 꺼내면서 강의를 시작합니다. 그러면 강의를 듣는 분들이 친근감을 느껴 훨씬 좋은 반응을 보입니다.

달리기를 할 때 누구보다 먼저 출발한 사람을 이기기는 쉽지 않습니다. 남보다 재능이 뛰어나기는 어려워도 남보다 먼저 출발해서 미리 도착하기는 쉽습니다. 수업, 세미나나 워크숍에 참석할 때도 남보다 먼저 도착하십시오.

리포트도 남보다 하루 먼저 제출해보십시오. 시간은 신용을 평가할 수 있는 가장 경제적이고 가장 확실한 지표이며, 먼저 나타나는 것은 우위선점의 가장 확실한 예언변인입니다.

행복도 불행도, 성공도 실패도 모두 처음에는 작은 일에서 시작됩니다. 강의실에 도착한 시간과 과제 제출 시간이 여러분의 운명을 바꿀 수도 있습니다. 그러므로 어떤 일을 하건 남보다 조금 먼저 시작하고, 누구와 약속을 하건 조금 먼저 도착하십시오. 남보다 15분만 먼저 도착하십시오. 약속시간 15분 전, 여러분은 지금 어디에 있습니까?

오늘 먹은 밥으로
무엇을 만들고 있는가?

여러분, 식사 맛있게 했습니까? 지난 주말 연구실에서, 집에서 싸 온 도시락을 먹다가 문득 《그리스인 조르바》의 이 문장이 떠올랐습니다. "당신 안에서 그 음식이 무엇으로 변하는지 대답해보시오. 그러면 나는 당신이 누구인지 알려드리리다."

'나는 오늘 점심으로 먹고 있는 이 밥으로 무엇을 만들어내고 있는가?' 생각이 여기에 미치자 오후 시간을 더 의미 있게 보내야겠다는 생각이 들었습니다.

같은 밥을 먹고도 사람들은 모두 다른 것을 만들어내는 것 같지 않나요? 밥을 먹고 투덜거린다면 투덜이가 되고, 훔칠 생각을 한다면 도둑이 됩니다. 밥을 먹고 글을 쓴다면 작가가 될 수 있고, 그림을 그린다면 화가가 될 수 있습니다.

똑같은 것을 먹고도 어떤 사람은 나쁜 생각을 하면서 자신에게 해로운 일을 만들어내고, 어떤 사람은 좋은 생각을 하면서 자신은 물론 다른 사람들에게도 이로운 일을 만들어냅니다.

배고프니까 먹을 수 있습니다. 먹는 게 유일한 즐거움이라고 생각하면서 먹을 수도 있습니다. 하지만 가끔씩 하던 일을 멈추고 '나는 오늘 먹은 밥으로 무엇을 만들고 있는가?' 이렇게 자문하다 보면 좀 더 현명한 선택을 할 수 있겠죠? 그리고 덜 후회하고 더 가치 있는 미래를 열어가게 되지 않을까요?

세상에 뽕잎을 먹는 벌레는 많습니다. 하지만 비단실을 만들어내는 벌레는 누에가 유일합니다. 왜 대부분의 벌레들은 똥만 만들어내는데 누에는 비단실을 만들어낼 수 있을까요? 누에 안에는 이미 뽕잎을 비단실로 변화시킬 준비가 되어 있기 때문입니다.

똑같이 하루 세 끼를 먹지만 하는 일은 사람마다 모두 다릅니다. 똑같은 강의를 듣고도 깨닫는 것과 실천하는 것은 모두 다릅니다. 우리 안에서 만들어내려고 하는 것이 다르기 때문입니다.

얼마 전에 아들이 해외여행을 간다고 하기에 잘 놀다 오라고 하면서 이런 얘기를 메일로 보내줬습니다.

> "구글의 워크 캠페인이 뭔지 아니? 'Work Hard! Play Hard! 열심히 일하고, 열심히 놀자!'야. 오랜만에 즐기는 휴가이니 즐거운 시간 보내길 바란다. 하지만 그냥 아무 생각 없이 먹고 마시면서 시간을 보내지 말고, 여행지에서 뭔가 배워오기를 바란다. 똑같은 휴가를 보내더라도 휴가를 통해 만들어내는 것은 모두 다를 것이다. 휴가 기간에도 종종 멈추고, '나는 이 휴가로 무엇을 만들어내고 있는가?' 이런 생각을 해보면 더욱더 행복하고 의미 있는 휴가가 될 것이다. 5년, 10년 후 우리 아들의 인생이 달라질 것이다……."

여러분은 오늘 무엇을 먹고, 어떤 강의를 듣고, 어떤 책을 읽었습니까? 그것으로 여러분은 무엇을 만들고 있습니까?

남 탓을 자주 하면
불운이 따라온다

성공하고 행복한 사람과 반대로 실패하고 불행한 사람을 유심히
관찰해보면 한 가지 차이점을 발견하게 됩니다. 문제가 생겼을 때
원인과 해결책을 찾는 방향이 다르다는 것입니다. 실패한 사람은
문제의 원인과 해결책을 외부에서 찾고, 성공한 사람은 내부에서
찾습니다.

공부 못하는 학생, 못 가르치는 선생님, 선배나 상사에 대해 불만
이 많고 적응을 잘 못하는 사람들을 관찰해보십시오. 이들에게는

한 가지 공통점이 있습니다. 문제가 생겼을 때 그 원인을 자기 자신이 아니라 외부에서 찾습니다. 언젠가 여러분의 선배 중 한 명이 찾아와 이런저런 이야기 끝에 이렇게 말했습니다.

"교수님, 대학원 다닐 때는 수련만 받을 수 있으면 좋겠다고 생각했는데, 막상 들어가 보니 너무 힘듭니다. 몸이 고달픈 것은 그나마 참을 수 있는데, 수련생들의 인격을 모독하는 슈퍼바이저 선생님의 태도는 정말 견디기 힘듭니다. 그분은 슈퍼바이저가 될 자격이 없는 것 같습니다."

'오죽했으면 오랜만에 만난 지도교수에게 이런 하소연을 할까?' 마음이 아팠습니다. 그리고 한편으로는 안타까웠습니다. 이 학생은 앞으로 이 험난한 세상을 어떻게 헤쳐 나갈지 걱정이 더 커졌기 때문입니다.

일단 위로를 해준 후, 설사 슈퍼바이저의 인격에 문제가 있더라도 문제의 원인을 상대방에게서만 찾으면 안 되는 이유를 얘기해줬습니다. 고통이나 시련을 겪게 될 때 습관처럼 남의 탓을 하게 되면 인생이 어떻게 전개될 수 있는지에 대해서도 얘기했습니다.

요즘에는 부부 갈등 문제로 상담하러 오는 분들이 참 많습니다. "선생님, 저희 부부의 문제가 뭔지 아세요? 대화가 정말 안 됩니다. 왜 안 되는지 가만히 생각해보면 아내가 말할 때 제가 항상 말을 끊는 거예요. 저의 이 고질적인 문제를 어떻게 해결해야 할까요?" 이런 분 있을까요? 없습니다.

대부분은 "선생님, 저희 부부의 문제가 뭔지 아세요? 대화가 정말 안 됩니다." 여기까지는 똑같습니다. 그다음부터 완전히 달라지죠. "저 아니면요, 아무하고도 못 살았을 겁니다. 저나 되니까 3년씩이나 같이 살았죠. 저, 정말 저 여자(남자) 때문에 미치겠습니다."

자주 싸우고 사이가 안 좋은 부부에게는 공통점이 있습니다. 결혼 생활을 불행하게 만드는 완벽한 기술을 갖고 있다는 점입니다. 그게 뭘까요? 문제가 생기면 즉각 그 원인을 상대방에게서 찾고, 상대방이 바뀌지 않으면 문제가 해결되지 않을 거라고 생각합니다. 그래서 상대방을 뜯어고치려는 비효과적인 방법을 반복하면서 상황을 점점 악화시킵니다.

반면 사이가 좋은 부부는 다릅니다. 문제가 생기면 먼저 자신이 무엇을 잘못했는지 돌아보면서 원인을 찾으려 노력합니다. 그리고 잘못한 일이나 행동에 대해 사과하면서 자신의 태도와 행동을 바꾸려고 노력합니다.

사업을 할 때도 마찬가지입니다. 일본의 경영 컨설턴트 하마구치 다카노리는 "훌륭한 사장이라면 눈이 올 때조차도 내 탓이라고 말할 수 있어야 한다"라는 말을 했습니다. 좀 황당하게 느껴지지만 깊은 의미를 담고 있습니다.

예를 들어 직원이 회사 밖에서 문제를 일으켰다고 칩시다. 평범한 사장은 어떻게 생각할까요? 직원이 잘못해서 문제가 생겼고, 원인은 직원에게 있다고 생각하겠죠. 해결책은 뭘까요? 직원에게 시말서를 쓰게 하거나 해고하면 된다고 생각하겠죠? 그런데 훌륭한 사장은 다릅니다. 모두가 문제의 원인을 그 직원에게 돌릴 때조차도 이런 생각을 하겠죠.

'신입사원을 선발할 때 왜 스펙만 중시했을까? 인성을 제대로 봤어야 했는데……' 문제의 원인을 자신에게서 찾으니까 당연히 해결책도 내부에서 찾아내겠죠? '앞으로 신입사원을 채용할 때는 인성을 제대로 봐야겠어.'

'사장인 내가 직원 교육을 제대로 시켰더라면 이런 문제가 없었을 텐데……' 문제의 원인이 자신에게 있다고 생각하니까 해결책 역시 내부에서 찾아내겠죠? '앞으로 이런 문제가 다시 일어나지 않도록 직원 교육을 철저히 시켜야겠구나.'

또 이런 생각을 할 수도 있겠죠? '내가 직원을 가족처럼 대접해줬더라면 이런 문제를 일으키지 않았을 텐데……. 지금부터는 직원을 가족처럼 따뜻하게 보살펴야겠구나.'

농사지을 때도, 장사할 때도, 성공하는 사람은 문제가 생겼을 때 남을 탓하거나 세상을 원망하기보다 문제의 원인을 자기 자신에게서 찾아봅니다.

하지만 문제가 생겼을 때 그 원인을 자신에게서 찾는 것은 결코 쉬운 일이 아닙니다. 자기 자신에게 문제가 있다고 생각하면 책임을 져야 하고 고통스럽기 때문에 많은 사람들이 문제가 생기면 본능적으로 그 원인을 밖에서 찾으려고 합니다.

왜 습관적으로 남 탓을 하면 안 되는가?

그런데도 문제의 원인을 왜 내부에서 찾아야 할까요? 문제의 원인이 외부에 있다고 생각하면 스스로 변화를 시도할 필요성을 느끼지 못하고 해결책도 찾지 못하기 때문입니다. 문제의 원인이 다른 곳에 있는데 무엇 때문에 변화에 따르는 고통을 감수하면서 자신을 바꾸려고 하겠습니까?

아무리 상대방에게 문제가 많다고 해도 상대방 탓만 하면서 자신을 바꾸려고 노력하지 않으면 문제를 해결할 수 없습니다. 어떤 상황에서든 문제의 원인을 내부에서 찾으려는 노력과 연습이 필요합니다.

어디서 누구와 어떤 일을 하건 우리의 비위를 거스르거나 감정을 상하게 하는 누군가를 만나게 됩니다. 상사가 날마다 트집을 잡고 괴롭힐 수 있습니다. 그럴 때 대부분은 상사에게 문제가 있다고 비난합니다. 하지만 내부에서 문제의 원인을 찾아보는 사람은 분명 다릅니다.

'저 사람이 나를 괴롭히는 데는 분명 이유가 있을 거야.' '내가 뭔가 빌미를 제공했을지도 몰라.' 그러면 이런 결론을 이끌어낼 수 있습니다. '아, 그동안 내가 너무 잘난 체했구나.' 그렇다면 해결책은? '이제부터는 겸손한 태도로 일해야겠구나.' 어떤 문제든 절반의 책임은 나한테 있다고 생각하고 문제의 원인을 내부에서 찾다 보면 지혜로운 해결책을 찾아낼 수 있습니다.

모든 문제는 의미의 씨앗을 내포하고 있다

아주 오래전 맹자(孟子)는 하늘(天)이 어떤 사람을 선택하여 그에게 큰(大) 임무(任)를 맡길 때에는 반드시 4가지 역경과 시련을 먼저 시험한다고 했습니다. 이를 천강대임(天降大任)론이라고 합니다.

1. 고기심지(苦其心志): 그 사람의 마음과 뜻을 고통스럽게 한다.
2. 노기근골(勞其筋骨): 그 사람의 근육과 뼈를 수고롭게 한다.
3. 아기체부(餓其體膚): 그 사람의 몸과 피부를 말리게 한다.
4. 공핍기신(空乏其身): 그 사람의 몸을 비우고 불우하게 한다.

돌이켜보면 견디기 힘든 시련과 고통 속에는 항상 의미의 씨앗이 내포되어 있었습니다. 모욕적인 대우, 처참한 실패, 예상치 못한 사고, 모두 그 일들을 통해 무엇인가를 배우고 얻을 수 있었습니다. 여러분도 힘든 상황을 겪게 되면 '모든 상황은 의미의 씨앗을 내포하고 있으며, 신이 사람들에게 선물을 줄 때는 문제라는 것으로 포장해서 줄 수도 있겠구나'라고 생각하는 지혜를 갖추면 좋겠습니다.

공부하다가, 수련 과정에서, 결혼생활을 하다가, 사업을 하다가 이런저런 문제를 겪게 되면, 아무리 나쁜 일에도 반드시 거기에는 좋은 의미가 숨겨져 있다고 믿어보십시오. 그 일이 내게 가르쳐주려고 하는 것은 무엇인지 자문해보십시오. 그리고 문제의 원인을 내부에서 찾아보면서 해결책의 범위를 넓혀보십시오.

시련이 닥칠 때 현명한 사람은 자신에게서 문제의 원인과 해결책을 찾기 때문에 더 지혜로워지고, 어리석은 사람은 남을 탓하기 때문에 점점 더 큰 시련을 겪게 됩니다. 그릇의 크기는 윗사람한테 칭찬받을 때가 아니라 일이 마음대로 풀리지 않아 윗사람한테 질책받을 때 더 잘 드러나는 법입니다. 똑같이 실연당하고도 어떤 사람은 시인이 되고 어떤 사람은 폐인이 됩니다.

인간관계든 비즈니스든 문제의 원인이 내부에 있다고 생각할 때의 가장 큰 장점은 해결책도 내부에서 만들어낼 수 있다는 것입니다. 어떤 상황에서든 문제의 원인을 내부에서 찾고 더 효과적인 해결책을 만들어내려고 하는 사람은 최악의 사건을 최선의 결과로 만들고, 위기를 기회로 바꿀 수 있으며, 걸림돌을 디딤돌로 만들어냅니다.

헬렌 켈러는 이렇게 말했습니다. "세상은 고통으로 가득하지만, 한편 그것을 이겨내는 일로도 가득 차 있다." 저는 여러분 모두가 시련과 고난이 심해질수록 그 일들을 통해 더 많이 배우고 더 큰 사람이 되어 세상에 더 많이 기여하는 사람으로 성장하기를 간절히 소망합니다.

부지런한 것만으로는 부족하다.
개미 역시 부지런하다.
– 제임스 서버

효율성과 효과성은 다르다

"스승님, 제가 물 위를 걸어 갠지스 강을 건널 수 있게 되었습니다."

한 수행자가 인도의 정신적 지도자인 라마크리슈나를 찾아가 의기양양하게 자신의 도력을 고했습니다.

눈을 지그시 감은 채 듣고 있던 라마크리슈나가 물었습니다.

"그래 몇 년이나 수련을 했는가?"

제자는 "18년 걸렸습니다"라고 대답했습니다.

스승이 다시 물었습니다.

"이보게, 갠지스 강을 건너는 데 뱃삯이 얼마인가?"

"18루피입니다."

이 말을 들은 라마크리슈나가 제자에게 말했습니다.

"자네는 18년 동안 노력해서 겨우 18루피를 벌었네."

열심히 하는 것보다 더 중요한 것이 있다

졸업생 한 명이 찾아와 진로 상담을 요청했습니다. 자기는 누구보다 일찍 출근해서 밤늦게까지 열심히 일하는데, 승진 심사에서 번번이 탈락한다면서 억울하다고 했습니다. 저는 위의 수행자 이야기를 들려주면서 얼마나 열심히 일하느냐보다 얼마나 성과를 내는지가 더 중요하다고 알려주었습니다. "세상에는 열심히 사는 사람들로 가득하다. 부지런한 사람들로 넘쳐난다. 하지만 안타깝게도 그들 대부분이 원하는 것을 얻지 못한다. 그들에게는 한 가지 공통점이 있다. 효과성이 낮은 일을 열심히 한다는 것이다."

남보다 부지런하고 신속하게 많은 일을 처리하는데도 조직에는 별로 도움이 되지 못하는 사람이 많습니다. CEO가 변화를 주문하면 난리법석을 떨면서 온갖 개혁을 시도하지만 정작 성과를 내지 못하는 조직도 많습니다.

효율성(Efficiency)과 효과성(Effectiveness)을 구분하지 못하고 가치
가 낮은 일을 열심히 하기 때문입니다. 가치가 낮은 일을 열심히
하는 것은 잠시 뿌듯한 느낌이 들고 가시적 성과를 보여줄 수는
있겠지만 개인의 삶과 조직에 별로 도움이 되지 못합니다.

부지런한 것만으로는 부족합니다. 개미도 부지런하기 때문입니다.
일을 빨리 하고 많이 하는 것도 생각처럼 중요하지 않을 수 있습
니다. 방향이 틀렸다면 속도나 노력은 의미가 없기 때문입니다.

파생효과를 따져보고 가치가 높은 일에 도전하라

열심히 공부해도 성적이 안 오르는 학생, 늘 바쁘지만 결과가 신
통찮은 직장인, 남보다 부지런한데 평생 힘들게 살아가는 사람, 모
두 효과성이 떨어지는 사람입니다. 이런 사람은 단기적인 관점에
서 단지 그들에게 친숙한 일, 하기 쉬운 일을 선택해서 그냥 열심
히 합니다.

반면 효과를 생각하고 행동하는 사람은 당장 가시적인 효과를 낼 수는 없더라도 장기적인 관점에서 파생효과를 따져보고 부가가치가 더 높은 일을 선택합니다. 그들은 무슨 일을 하건 전략 단계부터 효과성을 먼저 따집니다. 그들은 대개 이런 식의 질문 습관을 갖고 있습니다.

첫째, 나는 지금 무슨 일을 하고 있으며, 이 일을 하는 이유는 무엇인가? 비효과적인 사람은 그냥 습관적으로 일을 하지만 효과적인 사람은 종종 하던 일을 멈추고 자신이 어떤 일로 하루를 보내는지 점검하면서, 그 일을 하는 근본적인 이유가 무엇인지 묻고 또 묻습니다.

둘째, 이 일로 만들어낼 수 있는 장기적 파생효과는 무엇인가? 이 질문은 매우 중요합니다. 실제로 많은 사람들은 자신이 하고 있는 일이 어떤 결과를 초래할지 장기적인 관점에서 예상하지 않고 일하기 때문에 단기적이고 가시적인 성과에 그치는 일에 너무 많은 시간과 에너지를 낭비합니다. 효과를 생각하는 사람은 장기적인 관점에서 기여도가 높은 일에 시간과 노력을 투자하려고 애씁니다.

셋째, 어떻게 해야 더 높은 부가가치를 만들어낼 수 있는가? 효과를 생각하지 못하는 사람은 지금까지 해오던 방법을 반복하는 경향이 있습니다. 반면 효과를 생각하며 행동하는 사람은 일의 가치를 높일 수 있는 더 좋은 방법에 대해 수시로 자문합니다. 그들은 일이 만족스럽게 잘되고 있을 때도 효과성을 더 높일 수 있는 대안을 끊임없이 찾아봅니다.

Don't Work Hard! Work Smart!

열심히 일했다는 것만으로 최선을 다했다고 생각하면 안 됩니다. 일을 빨리 처리하거나 많이 했다고 만족해서도 안 됩니다. 일을 열심히 하거나 많이 하는 것은 생각처럼 중요하지 않습니다. 그런데 의외로 많은 사람들이 중요하지 않은 일을 그냥 열심히 합니다. 중요한 일을 피하기 위해 일부러 중요하지 않은 일을 열심히 하는 사람도 많습니다.

거기에는 몇 가지 이유가 있습니다. 첫째, 효율성과 효과성의 차이를 모르기 때문입니다. 둘째, 중요한 일은 재미가 없고 어렵기 때문입니다. 셋째, 중요한 일은 가시적인 효과가 즉각적으로 나타나지 않기 때문입니다. 하지만 가치 없는 일을 열심히 한다고 해서 가치가 올라가는 것은 아니며, 중요하지 않은 일을 열심히 한다고 그 일이 중요해지는 것도 아닙니다.

중요한 일을 효과적으로 하고 싶은가요? 남다른 성과를 내고 싶은 가요? 그렇다면 어디서 무슨 일을 하건, 열심히만 하면 안 됩니다. 중요하지 않은 일은 과감하게 제거하고 가치가 높은 중요한 일에 집중해야 합니다. 종종 하던 일을 멈추고 생각할 시간을 가져보십시오. 그리고 자문해보십시오. "지금 이보다 더 의미 있고 더 가치 있는 일은 무엇인가?"

예상을 깨고
기대치를 위반하라

어느 날 주문 때문에 눈코 뜰 새 없이 바쁜 철공소 사장이 직공
한 명에게 빵을 사다 달라고 부탁했다. 그리고 저녁 시간이 한참
지나서야 그 직공이 가져다준 빵 봉투를 열어보았다. 그 안에는
빵과 함께 와인 한 병이 들어 있었다. 사장은 그 직공을 불러 "와
인은 시키지 않았는데?" 하고 물었다. 그러자 그 직공이 대답했
다. "사장님은 일이 끝나면 언제나 와인을 드시더군요. 오늘은
와인이 떨어진 것 같아서 둘 다 사왔습니다." 그 직공은 나중에
20세기 가장 위대한 무성영화 배우가 되어 기사 작위까지 수여

받은 찰리 채플린 경이다.

폭풍우가 몰아치는 한밤중에 노부부가 작은 호텔에 들어섰다. 하지만 이미 묵을 방은 없었다. 실망한 부부가 호텔을 나가려는 순간 호텔 직원이 노부부에게 말했다. "손님, 방이 다 찼습니다. 다른 호텔들도 마찬가지입니다. 이 빗속에 어디로 가시겠습니까. 괜찮으시다면 제가 쓰는 방에라도 묵고 가시지요." 노부부는 사양했지만 직원은 끝까지 친절한 태도로 자신의 방에서 묵고 가라고 권했고, 결국 노부부는 그 직원의 방에서 하룻밤을 보냈다. 다음 날 아침 노부부는 그에게 이런 말을 하고 떠났다. "당신은 미국에서 가장 큰 호텔을 관리해야 할 사람이군요." 몇 년후 그 직원은 노부부의 초청으로 뉴욕을 방문했다. 그를 맨해튼 중심가로 데리고 간 노인은 이렇게 말했다. "이것이 바로 당신이 관리할 호텔이오." 그 호텔은 월도프 아스토리아 호텔이었고, 그 노인은 호텔 오너인 윌리엄 월도프 아스토였다. 그 직원은 이 호텔의 1대 총지배인인 조지 볼트이며, 아스토리아는 볼트의 미담 때문에 더 유명해졌고, 지금도 각국의 지도자들이 즐겨 찾는 세계 최고 호텔로 명성을 누리고 있다.

이 두 사례를 들으면서 어떤 생각이 드나요? 두 사례에는 공통점

이 있습니다. 당연히 해야 할 일을 다 한 다음에 작은 것을 추가로 제공해서 상대방을 감동시켰다는 것입니다.

언젠가 제가 쓰고 있는 책의 원고 교정을 여러분의 선배들에게 부탁한 적이 있습니다. 대학원생이라면 교정 정도는 충분히 볼 수 있다고 기대했으니까 부탁을 했겠죠?

이런 경우 나중에 교정지를 받아 보면 학생들은 세 부류로 나누어집니다. 첫 번째, 기대 미달의 부류. '아, 대학원생인데 맞춤법도 제대로 모르는구나.' 저는 조금 실망하겠죠? 1%의 극소수 학생이 여기에 해당합니다.

두 번째, 기대 충족의 부류. 98%의 학생이 여기에 해당합니다. "교정 보느라 고생 많았지? 정말 고마워." 저는 만족합니다. 그런데 이 부류의 학생들은 한계가 있습니다. 교정을 부탁받았으니 정말 교정만 봐옵니다. 우리가 주목해야 할 부류는 세 번째입니다.

세 번째, 기대치 위반의 부류. 1%의 극소수 학생들이 여기에 해당합니다. '어! 이런 것까지?' 한편으로 놀랍고 미소가 절로 지어집니다. 저는 이 부류를 변종 또는 돌연변이라고 합니다. 이 학생들은 두 번째 부류처럼 일단 제 기대를 충족시킵니다. 그리고 '1% extra service', 즉 아주 작은 것을 추가로 제공합니다. 다음은 실제 있었던 일입니다.

"교수님, 교정을 다 봤는데, 오늘 아침에 난 이 기사를 추가하면 좋겠습니다" 하면서 교정지에 노란 포스트잇 한 장이 붙어 있었습니다. 'OO텔레콤' 통신회사 이름 다섯 글자가 쓰여 있기에 "이게 뭐지?" 하고 물었습니다.

"어떤 사람이 휴대폰을 50만 원 주고 샀는데 마음에 들지 않아 환불을 요구했어요. 그런데 거절당했어요. 다시 요구했고, 또 거절당했죠. 무려 여덟 번이나 거절을 당하고 화가 머리끝까지 치솟은 이 사람은 시가 2억 원이나 되는 친구의 벤츠를 몰고 가서 통신회사 본사 회전문을 들이받았어요. 벤츠 수리비 견적이 4000만 원이나 나왔고, 회전문 교체에 1억 원의 수리비가 든다고 해요.

50만 원 때문에 이 사람은 1억 4000만 원을 물어주게 된 거죠. 교수님은 원고에 이렇게 쓰셨잖아요. '순간을 참지 못하면 막대한 재앙이 따른다.' 교수님 원고에 이 사례를 넣어주면 독자들에게 좀 더 생생한 느낌을 줄 수 있지 않을까요?"

1% extra service

인생의 성패는
의무적으로
해야할 일을
다 하고
추가적으로
아주 작은 것을
제공해서
상대를 감동시킬 수
있는지 여부에
의해서 결정된다

이 학생의 이야기를 들은 저는 정말 감동했습니다. 왜 감동했을까요? 부탁을 받고 당연히 해야 할 교정 말고도, 제가 예상하지 못했던 일을 더 해주었기 때문입니다. 원고 내용과 관련이 있는 신문 기사까지 추가로 찾아줄 거라는 기대를 저는 하지 않았거든요. 이것이 바로 아주 작은 것을 추가로 제공하는, 1% 엑스트라 서비스입니다.

여러분이 교수라면 어떨까요? 좋은 회사에서 학생을 추천해달라는 의뢰가 들어왔다고 칩시다. 위의 세 부류 중 어느 부류의 학생을 추천하게 될까요? 당연히 세 번째, 돌연변이를 추천하지 않을까요? 왜냐하면 돌연변이가 자연을 진화시킨다는 사실을 잘 알고 있기 때문입니다. 교정을 보면서 원고를 진화시킬 수 있는 학생이라면, 당연히 취업을 하면 그 회사도 진화시킬 수 있을 테니까요.

소설이든 영화든 감동을 주는 작품에는 공통점이 있습니다. 우리의 예상을 깬다는 점입니다. 누군가를 감동시키는 일은 의외로 쉬울 수 있습니다. 상대방의 기대치를 위반해서 예상을 깨면 됩니다.

사람은 어디서 누구와 무엇을 하든지 항상 세 부류로 정리가 됩니다. 가끔 하던 일을 멈추고 우리 자신에게 질문해봐야 합니다. 나는 교수와 선배에게, 가족에게, 고객에게, 친구에게 어떤 부류의 사람인가? 나는 무엇으로 사람들의 기대치를 위반하는가?

첫째, 상대방의 기대에 미달해서 실망시키는 부류. 둘째, 의무적으로 해야 할 일만 해서 기대를 충족시키는 부류. 셋째, 의무적으로 해야 할 일을 다 하고 난 다음 추가로 아주 작은 것을 제공해서 감동을 주는 부류.

많은 회사에서 직원들에게 고객만족을 넘어 고객감동을 실현해야 회사 생존이 가능하다며 서비스를 강조합니다. 하지만 직원들의 피부에는 잘 와 닿지 않습니다. 속으로 이런 생각을 할 수도 있습니다. '고객만족이나 고객감동이나 뭐가 다르냐고……' 그런데 심리학적으로는 이 둘의 차이를 깔끔하게 정리할 수 있습니다.

'상대방의 기대치를 추측한다. 그리고 기대치를 충족시킨다.' 이것은 고객만족입니다. '상대방의 기대치를 충족시킨 다음 상대방이 기대하지 못한 아주 작은 것을 추가해서 고객의 기대치를 위반한다.' 이것이 바로 고객감동입니다. 이런 원리를 심리학에서는 기대치 위반 이론(Expectancy Violation Theory)이라고 합니다.

앞으로 여러분이 누구를 만나건, 어디서 무슨 일을 하건 이 말을 명심해줬으면 좋겠습니다. "인생의 성패는 당연히 해야 할 일을 다 하고, 추가로 아주 작은 것을 제공해서 상대를 감동시킬 수 있는지 여부에 의해서 결정된다."

책을 한 권 쓴다고
생각하면……

"교수님 ○○입니다! …… 이제 서서히 수련 마무리를 준비하고 있습니다. 많이 힘들지만 '능동성'이 매우 필요하다는 것을 배울 수 있는 시간이었습니다. 시키는 대로 수동적으로 일할 때와 능동적으로 행동했을 때는 스트레스 수준도, 일의 결과도 모두 달라짐을 배우고 경험할 수 있었습니다……."

"○○야, 남은 수련 기간 힘들고 벅차더라도 그런 일들 모두 스스로 선택한 것이고, 나중에 그런 경험들을 정리해서 책을 한 권

쓰겠다고 생각해봐. 그러면 일을 대하는 태도뿐 아니라 그 일로
만들어내는 결과도 완전히 달라질 것이다……."

얼마 전에 임상심리전문가 수련을 받고 있는 여러분의 선배 중 한
명과 주고받은 메일입니다.

우리의 삶을 의미 있게 바꿀 수 있는 가장 좋은 방법 중 하나는 바
로 책을 쓰는 것입니다. 책을 쓰겠다고 생각하면 모든 것이 달라
집니다. 목표는 사람이 만들지만, 일단 목표가 만들어지면 목표가
사람을 이끌기 때문입니다. 우선 책을 쓰겠다고 결심하면 어떤 점
이 달라질까요? 책을 읽는 자세도 달라지고, 만나는 사람도 달라
지고, 자주 가는 곳도 달라지고 일하는 태도도 달라집니다.

교재를 읽을 때도 그저 학생이나 독자라는 아이덴티티(identity)만
으로 읽는 것과 나중에 책을 쓸 '저자'라는 아이덴티티로 읽을 때
는 책을 읽을 때의 느낌도 다르고 생각하는 내용도 달라집니다.
당연히 밑줄 긋는 내용도 달라집니다. 책을 쓸 때만 그럴까요? 아
닙니다. 리포트를 작성할 때도 달라집니다. 왜냐하면 나중에 그것
을 책 쓰는 자료로 사용할 수 있을 테니까요.

학교를 졸업하고 수련받을 때나 취업했을 때도 마찬가지입니다. 힘들어서 포기하고 싶을 때도 훨씬 더 잘 견딜 수 있습니다. 왜냐하면 책에 그런 에피소드를 쓸 수 있으니까요. 수련감독자와의 갈등도 훨씬 더 지혜롭게 해결할 수 있습니다. 역시 책에 인용할 수 있으니까요.

취업하거나 창업했을 때도 마찬가지입니다. 일에 대한 자세, 상사나 부하, 고객에 대한 태도는 말할 것도 없고 가족을 대하는 자세도 달라집니다. 왜? 모두 책에 써야 하니까요.

많은 사람들이 책은 전문가가 된 후에 쓰는 것이라고 생각합니다. 네, 대부분은 그렇습니다. 하지만 거꾸로 책을 쓰다가 그 분야의 전문가가 된 경우도 많습니다.

《부자 아빠, 가난한 아빠》를 쓴 로버트 기요사키는 부자가 된 후에 이 책을 썼을까요? 아니면 그 책을 쓰고 난 다음에 큰 부자가 되었을까요? 로버트 기요사키는 책을 출간한 후 진짜 부자가 되었습니다.

제대로 배우고 싶은 분야가 있다면 나중에 그 주제로 책을 쓰겠다고 생각하면서 짧은 글을 써보십시오. 1년에 몇 권씩 책을 출간하는 어느 작가는 이런 말을 했습니다. "저는 알고 싶은 분야가 있으면 그 주제로 책을 씁니다. 글을 쓰려면 어쩔 수 없이 그 주제에 대해 공부할 수밖에 없기 때문입니다." 정말 멋진 발상 아닌가요?

배우고 싶은 분야가 있다면 그것을 주제로 글을 써보고 그 내용을 누군가에게 가르쳐주십시오. 어떤 분야의 탁월한 전문가만 글을 쓴다는 고정관념에서 벗어나십시오. 글을 쓰려고 하면 어쩔 수 없이 더 많이 배우게 되고, 그러다 보면 그 분야의 전문가가 될 수밖에 없습니다.

어떤 분야에서 최고의 전문가가 된 후에 책을 쓴다고 생각하면 몇 번씩 다시 태어나도 책의 저자가 될 수 없습니다. 아직은 전문가가 아니지만 일단 책을 쓰겠다고 결심하고 준비하다 보면 여러분의 삶에 정말 많은 변화가 일어납니다.

우리의 삶은 모두 우리만의 독특한 이야기이고 그런 의미에서 우리 모두는 각자 자기 삶의 작가입니다. 책을 쓰기 위해 우리가 해야할 일은 정말 간단합니다. 일단 책을 쓰겠다고 결심하면 됩니다.

저와 함께 공부한 여러분 모두는 어디서 누구와 무슨 일을 하건,
반드시 자신만의 경험과 이야기를 담은 책을 쓰기로 결심하면 좋
겠습니다. 모두 그렇게 결심해줄 거죠? 책을 쓰기로 한 이 결심이
나비효과가 되어 10년, 20년 후 여러분의 삶이 어떻게 바뀔지 벌
써부터 궁금합니다.

찾아보고 지켜보고
따라하라

지난 시간에 책을 한 권 쓰겠다고 결심하면 많은 것이 달라진다면 서 책을 한 권 쓰겠다고 생각하면서 공부해보라고 얘기했죠? 하지 만 엄두가 안 나서 어디서부터 어떻게 시작해야 할지 모르겠다는 생각이 들 겁니다.

얼마 전에 한 독자가 제 책을 읽고 이런저런 실천을 했다면서 메 일을 보내왔습니다. 그분에게 글 솜씨도 좋은 것 같은데 제게 메 일을 보내는 것으로 끝내지 말고, 실천한 내용들을 글로 정리해서 나중에 책을 한 권 써보면 어떻겠냐고 답 메일을 보내드렸습니다.

그분이 다시 답 메일을 보내왔습니다. 뭐라고 썼을까요? 이런 내용이었습니다. "교수님, 제가 책을 쓸 수 있다면 얼마나 좋겠습니까? 정말 생각만 해도 가슴이 설렙니다. 하지만 제가 어떻게 책을 쓰겠습니까?"

책을 쓰고 싶지만 아직 엄두가 나지 않는다고요? 네, 우리 주변에는 뭔가 하고 싶은 것은 있지만 엄두가 나지 않아 시작도 하기 전에 포기하는 사람이 많습니다. 그럴 때 한 가지 좋은 방법이 있습니다. 우리가 엄두를 내지 못해 시작도 하지 못한 그 일을 해낸 사람을 찾아내면 됩니다. 버트런드 러셀은 이렇게 말했습니다. "우리가 뭔가를 할 수 있다는 최고의 증거는 바로 다른 사람들이 이미 그것을 해냈다는 사실이다."

평생 대기업 총수의 운전기사였던 정홍 씨는 평소 회사에 어떤 식으로 기여할 수 있는지에 대한 생각을 실천하고 메모했습니다. 거기에 자신의 인생철학을 담아 65세에 《네 바퀴의 행복》을 출간했습니다. 그의 학력은 초등학교 4학년까지가 전부였습니다. 그의 도전정신, 정말 멋지지 않습니까?

1995년 80세의 시골 할머니가 《가슴이 하고 싶었던 이야기》라는 책을 출간했습니다. 저자인 홍영녀 할머니는 69세에 남에게 부탁하지 않고 자식들에게 전화를 하기 위해 처음으로 한글을 배우기 시작했습니다. 그리고 틈이 나는 대로 가슴속 이야기를 적다 보니 한글을 배운 지 10년 만에 책을 냈습니다.

고난과 고독의 삶에서 길어 올린 문장들은 많은 사람들에게 공감과 감동으로 전해졌고, 이를 계기로 2005년 11월 KBS 〈인간극장〉 '그 가을의 뜨락' 편 주인공으로 등장하며 더욱 널리 알려졌습니다. 할머니는 2011년에 96세로 돌아가실 때까지 70세 딸의 블로그에 글을 올렸습니다. 이 글은 2011년 딸과 공저로 《엄마, 나 또 올게》라는 제목으로 출간되었습니다.

2012년 신문에 대서특필된 진효임 할머니는 70세에 동네 복지관에서 한글을 배우기 시작해서 73세에 《치자꽃 향기》라는 시집을 출간했습니다. 이 시집은 2012년 한국도서관협회가 선정한 '올해의 우수문학 도서'에 선정되었습니다. 할머니는 77세 때인 2016년에 두 번째 책 《치자꽃 향기 - 두 번째 여름》을 출간했습니다. 그런데 진효임 할머니가 벤치마킹한 할머니가 있었다고 합니다. 99세에 책을 낸 일본의 시바타 도요라는 할머니였습니다.

시바타 도요 할머니는 92세가 되어서야 처음으로 60세가 넘은 아들에게 시를 배우기 시작했습니다. 할머니는 99세에 시집을 내고 싶었지만 선뜻 출판해주는 곳이 없어 자신의 장례비로 모아뒀던 100만 엔(약 1000만 원)으로 《약해지지 마》라는 책을 자비로 출판했습니다.

우리나라도 그렇지만 일본에서도 시집은 1만 부만 팔려도 베스트셀러라고 합니다. 그런데 2010년에 자비로 출간한 이 시집이 160만 부 이상 팔리며 일본 아마존 베스트셀러 1위에 오르는 센세이션을 일으켰습니다. 100세 때에는 두 번째 시집 《100세》를 출간했습니다.

여러분 중 혹시 초등학교 4학년 이하의 학력을 가진 분, 계신가요? 그렇다면 99세 넘은 분, 혹시 계신가요? 두 가지 모두 해당되지 않는다면 여러분도 책을 쓸 수 있습니다. 위에 언급한 분들이 바로 여러분의 가능성을 알려주는 증거입니다. 책을 쓰는 일만이 아닙니다. 우리가 뭔가를 해낼 수 있다는 최고의 증거는 바로 다른 사람들이 이미 그것을 해냈다는 사실입니다. 엄두가 안 나는 일에 도전할 수 있는 가장 좋은 방법이 바로 모델링(Modelling)입니다.

뭔가 도전하고 싶은 일이 있는데 엄두가 안 난다면 세 가지 모델링 단계를 거치면 됩니다. 첫째, 여러분이 도전하고 싶은 일을 앞서 해낸 사람을 찾아보십시오(찾아보기). 둘째, 그를 지켜보고 연구하십시오(지켜보기). 셋째, 그대로 실천해보십시오(따라하기).

그리하여 마침내 여러분의 꿈을 이루십시오. 그리고 다른 사람들이 여러분을 보고 꿈을 이룰 수 있도록 도와주십시오. 여러분이 꿈을 이루면 그건 또 누군가의 꿈이 됩니다.

질문하는 자는
답을 피할 수 없다

"자네는 오늘 왜 수업에 들어왔지?" 강의를 시작하기 전, 맨 앞자리에 앉은 학생에게 물었습니다. 황당하다는 표정이었습니다. 그래서 웃으면서 다시 물었습니다. "황당하지? 그런데 내가 왜 자네에게 이런 질문을 했을까?" "글쎄요. 교수님께서 왜 그런 질문을 하셨는지……."

말끝을 흐리기에 얘기해줬습니다. "나는 자네가 항상 남보다 일찍 와 맨 앞자리에서 강의를 열심히 듣고 있다는 사실을 이미 알고 있지. 수업시간에 다른 학생보다 일찍 와서 열심히 수업을 듣는 것은 매우 중요한 태도야. 하지만 거기에 플러스알파가 필요해. 살다 보면 무조건 열심히만 하는 건 생각처럼 중요하지 않다는 것을 알게 돼. 자네 주변을 잘 살펴봐. 아침 일찍부터 비가 오나 눈이 오나 뼈가 부서지게 열심히 일하는 사람들은 부자일까? 아닐까?" "네. 생각해보니 가난한 사람들이 많은 것 같습니다." 오늘 제가 여러분에게 해주고 싶은 이야기가 바로 이겁니다.

우리는 어려서부터 학교 공부 열심히 하고, 사회 나가서 부지런히 일하면 돈도 많이 벌고, 행복하게 살 수 있다고 배웠습니다. 하지만 나이가 들면서 그런 이야기는 동화책에나 나오는 이야기처럼 느껴지게 됩니다. 왜냐하면 현실은 안타깝게도 열심히 사는 사람들이 의외로 원하는 것을 얻지 못하는 경우가 많기 때문입니다.

세상은 열심히 사는 사람들로 가득하고 부지런한 사람들로 넘쳐납니다. 여러분의 선배 중에도 공부를 열심히 한 학생들이 정말 많습니다. 그런데 그들 중에는 자신이 원하는 것을 얻지 못하는 경우가 있습니다. 그들에겐 한 가지 공통점이 있습니다. 무엇일까요? 그냥 열심히만 한다는 것입니다.

문자 하나를 보낼 때라도……

작게는 휴대전화 문자를 보내는 일부터 논문을 읽고 쓰는 일까지 그냥 열심히 합니다. 열심히 하면 다 잘될 것이라고 생각하기 때문입니다. 수업 중에도 휴대전화 전원을 끄지 않는 학생이 있습니다. 진동이나 무음으로 해두기는 할 겁니다. 그런데 문자가 오면 그냥 답 문자를 보냅니다.

학교에 나올 때도, 수업에 들어올 때도, 세미나에 참석할 때도 '열심히 참석하다 보면 뭔가 얻는 게 있겠지', 논문을 읽을 때도 '열심히 읽다 보면 나중에 어떻게 되겠지' 하면서 그냥 열심히 합니다.

저는 학생들에게 항상 강조합니다. "이 세상에서 말과 글로 표현할 수 있는 가장 무책임한 단어는 '그냥'이고, 두 번째로 무책임한 단어는 '어떻게 되겠지'이다." '그냥' '어떻게 되겠지' 하면서 열심히 한 일이 잘된 일이 있는지 생각해봤으면 합니다. 그리고 앞으로는 '그냥' '어떻게 되겠지'에서 벗어나야 합니다. 그럼 어떻게 해야 할까요? 가끔씩 하던 일을 멈추고 자기 자신에게 질문을 하는 것입니다. 카메룬에는 이런 속담이 있습니다. "질문하는 자는 답을 피할 수 없다."

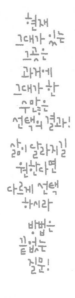

현재
그대가 있는
그곳은
과거에
그대가 한
수많은
선택의 결과!

삶이 달라지길
원한다면
다르게 선택
하시라

방법은
끝없는
질문!

문자 하나를 보낼 때도 아무 생각 없이 보내지 말고 잠시 멈추고 자신에게 이런 질문을 해보면 어떨까요? 첫째, Why? 수업 중인데 나는 왜 지금 문자를 보내야 하는가? 둘째, What? 이 문자를 통해 내가 얻고자 하는 것은 무엇인가? 셋째, How? 어떻게 하면 더 효과적으로 문자를 보낼 수 있을까? 이렇게 질문하는 습관을 들이면 평소에 어휘 선택이 달라지지 않을까요? 5년, 10년 후의 삶도 바꿀 수 있지 않을까요?

논문을 읽을 때도 그냥 열심히만 읽어서는 안 됩니다. 논문을 그냥 많이 읽는 것은 생각처럼 중요하지 않습니다. 가끔씩 논문 읽기를 멈추고 자문해보십시오.

첫째, 세상에 많고 많은 논문 중에 나는 왜 이 논문을 읽어야 하는가? 둘째, 이 논문에서 가장 중요한 것, 나에게 가장 중요한 것은 무엇이지? 셋째, 이 논문을 앞으로 어떻게 활용할 수 있을까?

이렇게 자신에게 질문하는 사람과 그렇게 하지 않고 그냥 열심히만 하는 사람의 미래는 어떻게 달라질까요? 질문은 늘 답보다 중요합니다. 논문을 읽을 때뿐 아니라 수업에 들어갈 때도 세미나나 학회에 참석할 때도 그냥 열심히 참석만 하지 말고, 잠시 하던 일을 멈추고 스스로에게 질문해보기 바랍니다.

열심히 사는 것은 중요하지 않다

제가 여기서 강조하고자 하는 것은 그냥 열심히만 사는 게 문제라는 뜻입니다. 그냥 열심히 사는 사람은 너무 많습니다. 그보다는 살아가는 순간마다 어떻게 살 것인지 질문하는 게 더 중요합니다. 소크라테스도 '질문은 답보다 더 중요하다'고 말했습니다. 질문은 학교에서 공부할 때뿐만 아니라 회사에서 일할 때도 마찬가지입니다.

그냥 열심히 다니다 보면 나중에 승진도 하고 저절로 월급도 오를 거라고 생각하면서 회사를 다니는 사람과, 가끔씩 다음과 같은 질문을 하는 사람, 누가 더 나은 삶을 살게 될까요?

예를 들면 첫째, 회사는 왜 나를 승진시켜야 하는가? 둘째, 나는 다른 입사 동기생들과 무엇이 다르지? 셋째, 어떻게 하면 1%라도 차별화할 수 있을까?

회사를 다니지 않고 동네 김밥가게를 열 경우도 마찬가지겠죠? 막연하게 '아침 일찍부터 밤늦게까지 열심히 김밥을 말다 보면 저절로 손님이 찾아오고 돈도 많이 벌겠지' 하면서 일하는 사람과, 다음과 같은 질문을 하는 사람의 미래는 어떻게 달라질까요?

'김밥가게가 주변에 많은데 손님들은 왜 우리 가게를 찾아야 하는가?' '내가 만드는 김밥은 무엇이 다르지?' '어떻게 하면 차별화된 서비스를 제공할 수 있을까?'

행복한 삶을 위한 질문

이런 질문은 행복한 삶을 살기 위해서, 배우자와 돈독한 관계를 유지하기 위해서, 자녀와 친밀한 관계를 유지하기 위해서도 정말 중요합니다.

예를 들면 '우리 부모님이 나를 키웠던 방식대로 나도 열심히 아이들을 키우다 보면 노후에 어떻게 되겠지' 하면서 자녀를 키우는 부모와, 아이에게 심부름을 시킬 때나 아이가 엉망인 성적표를 받아왔을 때 잠깐 멈추고 자신에게 질문해보는 부모의 노후가 같을까요? 다를까요?

첫째, Why? 왜, 내 딸(아들)은 엄마(아빠)인 내 말을 잘 들어야만 할까? 둘째, What? 나는 세상의 다른 엄마(아빠)하고 무엇이 다른가? 셋째, How? 어떻게 하면 1%라도 남다른 엄마(아빠)가 될 수 있을까?

아인슈타인은 이렇게 말했습니다. "가장 중요한 것은 질문을 멈추지 않는 것이다." 그냥 열심히만 살면 안 됩니다. 간간이 하던 일을 멈추고 자기 자신에게 질문해보십시오. 질문은 언제나 답보다 중요하며, 질문 중에서 가장 중요한 질문은 바로 자기 자신에게 하는 질문입니다.

가을
감사하고 사랑하기

그대 안의 다비드를
찾아내라

"교수님, 또 한 학기가 지나갔습니다. 학기 말이 되니 '내가 좀 더 열심히 했다면 지금보다 더 많은 것을 이룰 수 있었을 텐데……' 하는 아쉬움이 많이 남습니다. 아무리 생각해도 저는 별로 능력이 없는 것 같습니다. 지금까지 제가 이룬 것을 보면 남들에 비해 너무나 초라해서 부끄럽고 스스로에게 화가 납니다. 앞으로도 마찬가지일 것 같고요. 그리고……."

얼마 전 수강생 한 명이 제게 보낸 메일입니다. 여러분도 이런 생각이 들 때가 있죠? 물론 저도 그런 적이 있습니다. 하지만 세상 사람들이 모두 우리를 우습게 보거나 무능하다고 비난해도 절대로 스스로를 비난하면 안 됩니다.

반성은 좋지만 자기비하를 하면 안 됩니다. 발표를 못했더라도, 예습을 충실하게 못했더라도, 술을 너무 많이 마셨더라도, 숙제를 충실하게 하지 못했더라도, 학점이 좋지 않더라도 자신을 절대 비하해서는 안 됩니다. 여러분 내면에는 여러분만의 다비드가 숨어 있기 때문입니다.

다비드가 누구인지 아시죠? 구약성서에 나오는 다윗이 바로 다비드입니다. 그는 키가 3미터나 되는 블레셋의 장수 골리앗이 파죽지세로 이스라엘을 쳐들어왔을 때 돌팔매만으로 골리앗을 쓰러뜨린 이스라엘의 양치기 소년입니다. 다윗은 후에 이스라엘의 두 번째 왕이 됩니다.

골리앗과 다윗의 이야기는 우리에게 두 가지 교훈을 줍니다. 첫째, 골리앗처럼 상대를 무시하고 교만해서는 안 된다. 둘째, 어려운 상대를 만나거나 힘든 일이 닥쳐도 다윗처럼 이길 수 있는 방법을 찾아낼 수 있으니 지레 기죽거나 포기하지 마라.

힘이 약하다고, 배경이 좋지 않다고, 성적이 나쁘다고, 외모가 별로라고 절대로 기죽으면 안 됩니다. 우리는 누구나 불리한 조건에서 싸워야 할 때가 있습니다. 학력, 외모, 외국어 능력, 재력 등……. 훨씬 유리한 조건을 갖춘 라이벌과 경쟁해야 할 일이 앞으로 많습니다.

그럴 때 골리앗을 상대했던 다윗을 떠올려보십시오. 자신의 약점을 인정하고 거인 골리앗을 상대한 다윗의 돌팔매질처럼 자기만의 강점을 찾게 되면 어디서든 다윗처럼 승리를 이끌어낼 수 있습니다.

청동과 대리석 조각의 대가이자 미켈란젤로의 스승인 도나텔로가 어느 날 거대한 대리석 덩어리를 구입했습니다. 그러나 갈라진 틈과 흠이 많다는 이유로 반품했습니다. 그런데 미켈란젤로는 그 대리석으로 3년 만에 높이 5.49m의 다비드상을 만들었습니다. 미켈란젤로의 다비드상은 인류 역사상 가장 위대한 조각이라는 찬사를 받고 있습니다.

사람들은 갈라진 틈과 흠이 많은 그 돌덩어리로 어떻게 그런 걸작을 만들 수 있었느냐고 미켈란젤로에게 물었습니다. 미켈란젤로의 대답은 이랬습니다. "다비드는 이미 그 안에 있었으며, 나는 쓸모없는 부분을 걷어내 다비드가 드러나게 한 것뿐입니다." 미켈란젤로는 조각 작업을 '불필요한 부분을 제거하는 과정'이라고 표현했습니다.

스스로를 흠집이 많은 돌덩어리로 여기고 섣부르게 포기하면 안됩니다. 여러분 안에는 여러분만의 다비드가 숨어 있기 때문입니다. 그대가 찾아주기만을 기다리고 있는 그대 안에 숨어 있는 다비드는 무엇이며, 다비드를 드러내기 위해 제거해야 할 쓸모없는 부분은 무엇입니까?

세상에
허드렛일은 없다

"교수님, 정말 정신없이 바쁘게 지내고 있습니다. 검사해야 할
환자도 몇 달씩 밀려 있고, 그런 와중에 커피도 타야 하고, 복사
심부름도 하고 행사 준비도 하고, 참석자들에게 연락하고, 행사
끝나면 정리도 해야 하고, 허드렛일이 너무 많습니다. 그리고 상
담이나 심리치료를 하고 싶은데 몇 년씩 기계적으로 검사만 해
야 한다고 생각하면 우울해집니다. 제가 이런 일을 하려고 그렇
게 죽어라고 대학원 공부를 하고, 논문을 쓴 것이 아닌데, 그런
생각을 하면 억울하다 못해 화가 납니다."

오랜만에 찾아온 여러분의 선배 중 한 명이 저와 저녁을 먹으며 취중에 털어놓은 하소연입니다. 실제로 많은 사람들이 자기가 해야 할 일은 더 고상한 일인데 하찮은 일만 하면서 살고 있다며 투덜거립니다.

정말 그럴까요? 세상에 하찮은 일은 없습니다. 다만 하찮게 보는 태도만 있을 뿐입니다. 그리고 어디서 무슨 일을 하건 간에 고상한 일을 하고 싶다면 반드시 전제조건이 있습니다. 고상하지 않다고 생각하는 일을 고상한 태도로 할 수 있어야 한다는 것입니다.

일본에서 마더 테레사 수녀님 다음으로 유명한 와타나베 가즈코 수녀님이 어린 시절 미국 수도원에서 수행할 때의 일입니다. 수녀님은 매일 접시를 정리하는 일을 담당했습니다. 매우 단조로운 일이었습니다. 어느 날 접시를 정리하는 와타나베의 모습을 지켜본 수도원장이 물었습니다. "지금 무슨 생각을 하면서 일을 하고 있나요?" 그녀는 "딱히 없는데요"라고 대답했습니다. 그러자 수도원장이 "저런, 시간을 헛되이 보내고 있군요"라며 "접시 하나하나 정리할 때마다 그것을 사용하는 사람들을 위해 기도해보면 어떨까요?"라고 말했습니다.

이 말에 와타나베 수녀는 크게 놀랐습니다. 지금까지 단 한 번도 그런 생각으로 접시를 정리한 적이 없었기 때문입니다. 그 뒤 그녀는 수도원장의 권유대로 '이 접시를 사용하는 사람이 오늘도 건강하게 지낼 수 있게 해주소서', '이 사람에게 오늘도 많은 좋은 일이 생기게 해주소서', '이 사람의 병이 나을 수 있게 해주소서' 하고 기도하면서 접시를 닦았습니다. 그러자 마음속에 점점 큰 변화가 일기 시작했고, 접시 닦는 일이 하찮은 일이 아니라 매우 가치 있는 일이라는 것을 깨닫게 되었다고 합니다.

무슨 일을 하건 하찮게 여기지 않고, 그 일에 의미를 부여하면 우리는 더 의미 있는 일을 하게 되고, 그렇게 되면 의미 있는 일이 더 많이 주어집니다. 그러면 우리는 더욱더 의미 있는 삶을 살 수 있게 됩니다.

다른 사람들이 하찮은 일이라고 여기는 일도 의미 있게 만들어보십시오. 누군가에게 커피를 타줘야 한다면 대학원까지 졸업한 내가 고작 커피 심부름이나 해야 하냐고 화내지 말고, 어떻게 하면 내가 탄 커피를 마시며 상대방이 더 기분 좋아질 수 있는지를 생각해보면 어떨까요?

복사나 행사 준비를 할 때도 일에 대한 자세와 태도를 배우고 닦
는다고 생각해보십시오. 여러분이 현장에 나가거나 개업을 하게
되면 많은 행사를 치러야 합니다. 미리 배우고 준비할 수 있는 좋
은 기회입니다. 똑같은 검사를 할 때도 기계적으로 하지 말고 검
사를 통해 환자에게 숨은 재능과 장점을 찾아 의미 있는 변화를
제공하겠다고 생각해보십시오. 무슨 일을 하건 그 일에 의미를 부
여하는 태도가 중요합니다.

자기가 하는 일을 허드렛일로 여기거나 하찮게 생각하는 사람은
절대로 큰일을 할 수 없습니다. 종교의 수도 과정은 물론 배움의
과정에서도 처음에는 허드렛일로 느껴질 수 있는 단순한 일을 먼
저 시킵니다.

세상에 하찮은 일은 없어 하찮은 생각만 있을뿐!

몇년 전 NASA에서 청소부로 일하고 있을때 케네디 대통령을 만난 적이 있어 나에게 '여기서 무슨 일을 하고 있느냐'고 물었지 그래서 나는 "인간을 달에 보내도록 도움을 주고 있다"고 대답했지.

스승들은 시험에 들게 한다

"제자에게 가르침을 주셔야지, 이게 뭡니까?"《보바리 부인》으로 당대 최고의 명성을 자랑하는 플로베르에게 젊은 제자가 따지듯 물었습니다. 배움을 위해 계단을 수천 번씩이나 오르내렸다는 말도 잊지 않았습니다.

제자가 된 지 몇 달이 지나도록 특별한 가르침을 주지 않는 스승이 야속했습니다. 제자의 항의에 플로베르가 물었습니다. "그래. 계단을 수천 번씩이나 오르내렸단 말이지. 그럼, 자네 혹시 우리 집 계단이 몇 개인지는 알고 있는가?"

제자는 바로 대답하지 못했습니다. 이때 플로베르는 제자가 평생 마음에 새겨둘 말 한마디를 해줍니다. "하찮은 일 하나라도 제대로 볼 수 있는 눈. 그것이 작가의 기본이야."

그 제자는 1880년 첫 소설을 냈고, 마흔세 살에 세상을 떠날 때까지 300여 편의 작품을 남겼습니다. 그는 바로 플로베르가 만년에 가장 총애했던 제자 모파상입니다.

여러분이 잘 알고 있는 심리학자 에이브러햄 매슬로도 자기에게 배우고자 하는 제자나 공동연구자를 뽑을 때는 시험 삼아 허드렛일부터 시켰습니다. 중요하고 가치 있는 일이 아닌 지루하고 단조로운 일을 시켰습니다. 일을 대하는 태도를 보기 위해서였습니다. 결과는 어땠을까요? 지원자 중 열에 아홉은 그 시험에서 탈락했습니다.

앞으로 만나게 될 여러분의 스승이나 상사는 여러분이 큰일을 맡길 만한 재목(材木)이 되는지를 시험해보기 위해 허드렛일이나 불필요한 일을 시킬 가능성이 높습니다. 아주 작은 일을 맡겨놓고 그 일을 얼마나 큰마음으로 하는지, 얼마나 감사하면서 남다르게 해내는지를 보고 더 중요한 일도 맡기게 될 것입니다.

한큐 철도 설립자인 고바야시 이치조는 성공 비결을 이렇게 말합니다. "신발을 정리하는 일을 맡았다면, 신발 정리를 세계에서 제일 잘할 수 있는 사람이 되어라. 그렇게 된다면 누구도 당신을 신발 정리만 하는 심부름꾼으로 놔두지 않을 것이다." 정말 마음에 깊이 새겨둬야 할 말이 아닌가요?

남들이 하찮게 여기는 복사를 남다르게 해서 기업의 대표 자리에까지 오른 사람이 있습니다. 지방대 출신이지만 HP, IBM, 모토로라 등 내로라하는 외국계 회사에서 늘 여성 최초라는 유행어를 만들어내고 인사전문회사의 대표까지 지낸 사람입니다.

이 사람을 임원 자리까지 오르게 한 계기는 대단한 경영 능력이 아니라 신입사원 시절 한결 같았던 정성스러운 복사 실력이었습니다. 부산에서 영어교사 생활을 하다가 상경해 입사한 회사에서 가장 먼저 주어진 일이 복사였습니다. 그녀는 복사할 때 앞판 뚜껑을 걸레로 깨끗이 닦고 종이도 정확한 위치에 놓은 다음 했다고 합니다. 그러다 보니 언제부터인가 사람들은 복사 서류만 보고도 누가 했는지 알게 됐답니다. 복사를 통한 자기 브랜드 구축이 그 회사 사장의 귀에까지 들어갔고, 결국 "이렇게 정성스럽고 책임 있게 일처리를 하는 직원이라면 무엇을 맡겨도 잘할 것"이라며 인사과에 배치했습니다. 그녀는 그 후 승승장구하면서 대표 자리까지 올랐습니다.

존 맥스웰은 이렇게 말했습니다. "태도는 나의 과거를 보여주는 도서관, 나의 현재를 말해주는 대변인, 나의 미래를 말해주는 예언자. 인생이 우리를 대하는 태도는 내가 인생을 대하는 태도에 달려 있다. 태도가 결과를 결정한다."

사우스웨스트항공의 창업자인 허브 켈러허도 이런 말을 했습니다. "우리는 학력이나 경력은 중요하게 생각하지 않는다. 그들이 해야 할 일을 완수할 수 있도록 필요한 모든 교육은 우리가 책임질 수 있으니까. 우리는 태도를 채용한다."

럭셔리 호텔의 대명사인 포시즌스호텔 앤드 리조트의 회장 사도어 샤프도 "우리는 지식보다는 인품에 더 많은 비중을 두고 직원을 뽑으려고 합니다. 능력은 교육을 통해 향상시킬 수 있지만, 사람의 태도는 교육으로 바꿀 수 없기 때문입니다. 결국 호텔리어의 가장 큰 자질은 소질이 아닌 태도입니다"라고 말했습니다.

맞습니다. 재능과 소질보다 더 중요한 것이 태도입니다. 작고 하찮은 일과 크고 위대한 성취는 동전의 양면처럼 연결돼 있습니다. 사람과 사람 사이에는 아주 작은 태도의 차이가 존재합니다. 그러나 이 작은 차이가 엄청난 격차를 만들어냅니다.

소리 없는 벌레가
벽을 뚫는다

"준비는 열심히 했는데 발표를 엉망으로 해서 너무나 창피하고
수치스럽습니다. 제가 과연 공부를 계속해도 될지 회의가 듭니다.
학부성적도 그리 뛰어난 편이 아니고 대학원 입학도 수차례 실패
했던 기억이 아직 남아 있어 자꾸 잘하지 못할 거 같다는 생각이
들어 괴롭습니다. 혹시 내일 연구실로 찾아봬도 될까요?"

저는 이 학생에게 이렇게 답 메일을 보냈습니다.

"○○야, 그래도 나름대로 열심히 준비해서 최선을 다해 발표했으니 너무 자책하지 마라. 내일 연구실에 오기 전에 해야 할 숙제가 하나 있다. 토끼와 거북이의 경주에서 거북이가 그 경주에서 이긴 이유가 무엇인지 생각해보는 일이다. 내일 보자. 안녕~."

다음 날 만나서는 다음과 같은 이야기를 해줬습니다.

"발표를 잘 못해서, 통계가 너무 어려워서, 영어 실력이 부족해서……. 살다 보면 누구에게나 열심히 해도 남들보다 뒤처지는 일이 있다. 재능이 없는 것 같고, 소질도 부족한 것 같고, 적성에도 안 맞는 것 같아서 절망하게 되고 포기하고 싶다는 생각도 들게 되지.

하지만 남들과 비교해서 뒤떨어진다고, 남들보다 더 열심히 했는데도 뒤처진다고 해서 절대로 포기하면 안 돼. 살다 보면 속도보다 방향이 중요하다는 사실을 알게 돼. 방향만 정해지면 속도는 생각처럼 중요하지 않다.

토끼와 거북이의 경주에서 거북이가 이긴 이유는 무엇일까? 잘 알고 있듯이 토끼가 낮잠을 잤기 때문이야. 하지만 이 이야기는 조금 다른 관점에서 볼 필요가 있어. 거북이가 토끼를 이긴 진짜 이유는, 토끼는 경쟁자인 거북이를 의식하고 경주에 임했지만 거북이는 토끼를 의식하지 않고 오직 목표만을 생각했기 때문이다. 만약 거북이가 토끼를 경쟁자로 의식했다면 애시 당초 그 게임에 참여조차 하지 않았겠지."

"마보십리(馬步十里) 우보천리(牛步千里)"라는 말이 있습니다. 빨리 달리는 말은 십 리 길에 지치고 말지만, 천천히 걷는 소는 천 리를 간다는 말입니다. 날아다니는 새는 벽을 뚫지 못합니다. 소리 없는 벌레가 벽을 뚫는 법입니다. 실제로 보면 두뇌 회전이 빠른 학생들은 의외로 큰일을 해내는 경우가 별로 없습니다.

20권이 넘는 과학 명저를 저술한 생물학자인 에드워드 윌슨도 이렇게 말했습니다. "여러 분야에서 성공한 수많은 연구자를 만나본 결과, 이상적인 과학자는 어느 정도까지만 똑똑해야 한다는 생각을 갖게 되었다. 과학자는 자신이 무슨 일을 할지 알 정도로는 똑똑해야 하지만, 그 일에 쉽사리 질릴 만큼 지나치게 똑똑해선 안 된다."

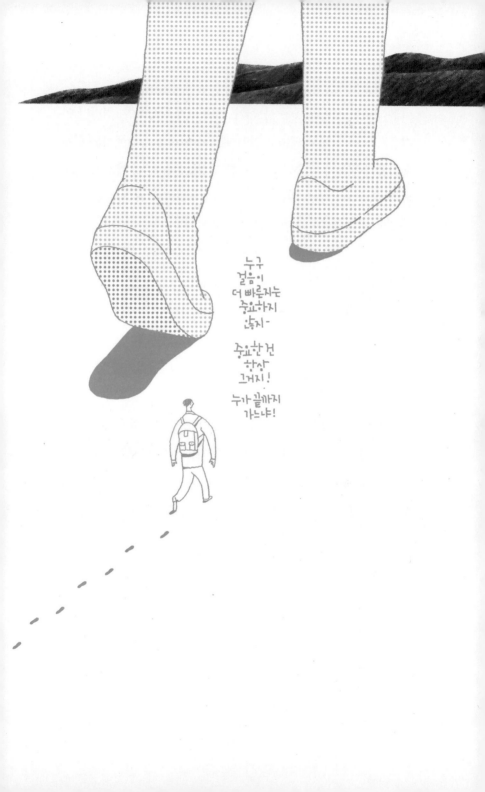

누구 걸음이 더 빠른지는 중요하지 않지~

중요한 건 항상 그거지! 누가 끝까지 가느냐!

너무 영리하고 머리 좋은 사람들은 이루고자 하는 일이 얼마나 어려운지를 이미 훤히 꿰뚫고 있기 때문에 어려운 상황에서는 쉽게 포기하는 경우가 많습니다. 똑똑한 사람들은 계산이 빠르기 때문에 불확실한 상황을 견디지 못하고, 지루하지만 꼭 필요한 초기 작업을 잘 참아내지 못합니다.

주변 경쟁자들을 의식하면서 뒤처진다고, 성과가 떨어진다고 너무 자책하거나 포기할 필요가 없습니다. 지나고 나면 별거 아닌 일에 일희일비하지 말고 5년, 10년 후의 미래를 내다보면서 여러분이 오르고 싶은 정상을 향해 한 걸음 한 걸음 올라가면 됩니다.

언젠가 실험 결과가 제대로 나오지 않아 졸업을 못하게 된 대학원생이 연구실로 찾아와 울면서 다른 동기들은 다 졸업하는데, 자기만 졸업을 못하게 생겼으니 어떻게 해서든 졸업할 방법이 없겠냐고 하소연했습니다.

저는 이렇게 말해주었습니다. "○○아, 지금은 받아들이기 힘들겠지만 한 학기 늦게 졸업하는 것이 너에게 더 좋은 기회가 될 수도 있다. 한 학기 늦게 졸업하는 것은 길게 보면 아무것도 아니야. 훗날 이 경험이 너에겐 소중한 이야깃거리와 자원으로 활용될 거야." 그리고 제 이야기를 들려주었습니다.

저는 보통의 대학원생이 4학기에 졸업하는 석사과정을 7학기나 다녔습니다. 열심히 하지 않아서가 아닙니다. 저는 우리 교실에서 나이가 가장 많았지만 거의 언제나 제일 먼저 연구실에 나오고 누구보다 늦게까지 연구실을 지켰습니다. 토요일과 일요일에도 연구실에 나왔습니다. 정말 열심히 공부했지만 성적은 별로 신통치 않았습니다.

실험설계 과목에서는 F학점을 받아 재수강도 했습니다. 담당교수님은 F학점을 주신 후 재시험을 보겠다면 기회를 주겠다고 했습니다. 하지만 저는 즉시 다음 학기에 재수강을 하겠다고 한 후 그 이유도 함께 말씀드렸습니다.

"교수님은 모르시겠지만, 저는 이 과목이 어려워서 수업에 들어오기 전에 반드시 세 번 이상 읽고 들어왔습니다. 그래도 따라가기 어려웠습니다. 그러니까 재시험으로 대충 넘어가기보다 한 학기 더 공부를 해야 할 것 같습니다."

교수님은 웃으시면서, "자네는 나이도 가장 많고, 그래서 낙담하고 있을 줄 알았는데, 이렇게 얘기해줘서 고맙다"고 하셨습니다. 그다음 학기에 재수강을 한 저는 더 열심히 공부했지만 성적은 여전히 뛰어난 편이 아니었습니다. 하지만 교수가 되고 난 다음, 재수강 덕분에 실험설계 과목을 강의할 수 있었고, 논문도 많이 쓸 수 있었습니다.

교수가 된 후, 1996년에 《생각을 바꾸면 세상이 달라진다》라는 책을 출간했습니다. 어느 날 학교 다닐 적에 아주 똑똑했던 친구가 외국에서 연락을 했습니다. "신문에 실린 베스트셀러 목록에 《생각을 바꾸면 세상이 달라진다》라는 책이 있고, 그 책의 저자가 너랑 이름이 같아서 네 생각이 나서 전화했어. 설마 너는 아니지?"

저는 대답했습니다. "그랬구나. 그런데 그거 내가 쓴 책인데……." 친구는 "정말? 말도 안 돼!"라면서 믿지 못하겠다는 반응을 보였습니다. 시간이 꽤 흐른 후 귀국한 그 친구와 술자리를 갖게 되었습니다. 친구는 "솔직히 네가 교수가 됐다는 것도 웃기지만, 네가 책을 썼다는 것이 더 웃긴다. 그게 베스트셀러가 됐다는 것도……"라고 말했습니다. 그래서 저도 웃으면서 얘기해줬습니다. "사실 내가 생각해도 좀 웃기긴 해……."

정말입니다. 사실 저도 대학시절엔 내가 책을 쓸 거라고 상상도 못했으니까요. 그 친구는 정말 똑똑했습니다. 아마 제가 그 친구처럼 똑똑했다면 교수도 되지 못했고 책도 쓰지 못했을 것입니다. 그리고 저처럼 별로 똑똑하지 않은 제 학생들이 남들보다 뒤처진다고 좌절할 때 제 이야기를 들려주면서 위로나 격려도 해줄 수 없었겠지요.

하지만 그 친구가 모르는 게 한 가지 있습니다. 저는 한 권의 책을 쓰기 위해 날마다 생각의 끈을 놓지 않고, 10년 이상 자료를 모으고, 원고를 작성하면서부터 100번 가까이, 어떤 경우엔 100번 이상 고치고, 고치고 또 고칩니다. 책은 번뜩이는 영감으로 쓰는 것이 아닙니다. 책을 쓰는 것은 정말 고독한 작업이기 때문에 불확실성을 견디지 못하고 끈질기지 못하면 불가능합니다. 어디 책 쓰는 일만 그렇겠습니까?

만화가 허영만 선생은 자신의 성공 비결을 "날고 기는 놈도 끈질긴 놈에게는 못 당한다"라고 했습니다. 중국 최고 부자 알리바바 그룹의 마윈 회장은 "큰 목표가 아니라 작은 목표를 '꾸준히' 10년 실천한 것이 자신의 성공 비결"이라고 했습니다.

멈추지 않는 이상, 천천히 가는 것은 전혀 문제가 되지 않습니다. 세상에 끈질긴 것보다 더 무서운 것은 없습니다. 다시 한 번 강조하건대, 속도는 생각처럼 중요하지 않습니다.

1890년 영국을 방문한 앤드류 카네기는 스탠리 경(Lord Stanley)의 성에서 며칠을 보낸 적이 있습니다. 그곳 정원의 아름다움에 감탄한 그는 정원사에게 그 비결을 물었습니다. 정원사는 아주 간단하게 설명해주었습니다. "그건 하나도 어렵지 않습니다. 매일 두 번 규칙적으로 잔디를 깎고, 매일 세 번 같은 시간에 물을 주면 됩니다. 이렇게 300년만 하면 되는 쉬운 일입니다."

여러분의 목표가 무엇이든 목표를 위해 작은 일이라도 날마다 끈기 있게 하십시오. 실패하는 이유는 성공에 이르기까지 계속하지 않기 때문입니다. 단지 그것뿐입니다. 성공하는 사람은 성공할 때까지 계속하는 사람입니다. 크든 작든 성공에 이르는 위대한 비결은 오로지 꾸준함에 있습니다.

평범한 사람이 뭔가를 해내는 유일한 방법은 그저 꼬물꼬물 남보다 더 끈질기게 지속하는 것밖에 없습니다. 뭔가 해내는 사람은 빠른 사람이 아니라 끈질긴 사람입니다.

영국의 비평가 힐레어 벨록은 '작가를 지망하는 젊은이에게 주는 충고'에서 이렇게 말합니다. "스무 살 때 지렁이에 대해 글을 쓰고 싶어한다면 그렇게 하도록 내버려둬라. 40년 동안 지렁이 이외에 다른 글을 쓰지 않아도 간섭하지 마라. 그가 예순 살이 되면, 이 세상에서 가장 권위 있는 지렁이 대가인 그의 집 앞에 순례자들이 모여들어 무릎을 꿇을 것이다. 그들은 문을 두드리며 지렁이 대가를 알현하고 싶어할 것이다."

지금은 100세 시대이고, 여러분의 나이는 20대, 30대이니 최소 70년 이상 남았습니다. 70년이면 4년제 대학을 17회나 졸업하고도 2년이 남습니다. 그러니 5년, 10년 후 미래를 내다보면서 꼬물꼬물 날마다 그 미래를 위해 하루 1%, 15분씩이라도 뭔가를 하십시오.

소리 없는 벌레처럼, 천 리를 가는 소처럼 목표를 향해 꼬물꼬물, 뚜벅뚜벅 가십시오. 그리하여 원하는 것을 이루십시오. 먼 훗날 후배들에게 얘기해주십시오. '발표도 못하고, 공부도 썩 잘하지 못하고 뛰어난 게 별로 없었지만 끈질긴 것 하나로 여기까지 왔노라'고 말입니다.

죽은 나무는
설레지 않는다

오늘 발표 잘 들었습니다. 모두 열심히 준비해서 깔끔하게 발표를 해줬습니다. 그런데 한 가지 아쉬운 점이 있습니다. 너무 무미건조합니다. 다른 말로 표현하면 공부를 하면서 감탄하고 설레는 부분을 별로 찾아내지 못했다는 느낌이 들었습니다.

다른 사람과 대화할 때도 무표정한 태도로 건성으로 들을 때와 맞장구를 치고 감탄하면서 들을 때는 들리는 내용도 다르고 말하는 사람뿐 아니라 듣는 사람의 기분도 완전히 달라집니다. 음식을 두고 시큰둥한 표정으로 먹는 사람과, 감탄하면서 먹는 사람 중 누가 더 식사시간이 즐겁고, 누가 더 소화를 잘 시킬까요?

공부할 때도 마찬가지입니다. 프로이트에 대해 공부하면서 기계적으로 책을 읽는 학생과, '아니! 프로이트가 어린 시절에 이랬다고?' '우와! 그 시대에 어떻게 이런 기막힌 개념을 생각해냈을까?' 하고 감탄하면서 공부하는 학생 중 누가 더 정신분석을 깊이 이해할 수 있을까요? 정신분석에 대해 강의를 한다면 누가 더 감동적인 강의를 할 수 있을까요?

청중이 감탄하고 감동하도록 강의하려면 반드시 전제조건이 있습니다. 강의할 내용에 대해 자기가 먼저 감탄하고 감동해야 합니다. 감동을 잘하면 지식도 깊어지고, 독창적이고 참신한 생각도 잘 떠오릅니다. 뇌를 활성화해서 정보처리 수준 자체를 바꾸기 때문입니다.

사람을 만날 때도 반갑게 만나는 것이 정말 중요합니다. 표정과 태도, 자세에 반가움이 묻어나야 합니다. 사람은 누구나 자신을 반갑게 맞아주는 사람을 좋아합니다. 그러니 좋은 대접을 받고 싶다면 사람을 만날 때 먼저 반색하고 반갑게 대해야 합니다.

사람을 만나는데 반가운 표정이나 몸짓을 할 줄 모른다면 어떨까요? 상대는 이렇게 생각할지 모릅니다. '저 사람은 나를 만나는 게 별로 안 좋은 모양이군!' 그럼 어떻게 될까요? 아무리 많은 사람과 아무리 오래 알고 지내도 그들과 더 친해지기는 어렵습니다.

마찬가지로 아침에 일어나 하루를 시작할 때 설레지 않는다면 그 사람은 그날 하루를 행복하게 보내기 어렵습니다. 설레는 마음으로 출근한 적이 없는 사람은 그 일로 크게 성공하기 어렵습니다. 학교를 떠올리면서 설렌 적이 없다면 공부로 큰일을 해내기 어렵습니다. 논문이나 책을 읽을 때도 설레는 구석을 찾아내지 못한다면 아무리 많은 내용을 암기하고, 아무리 좋은 학점을 받았다고 해도 그것으로 자기만의 남다른 일을 하기는 쉽지 않습니다.

사토 도미오라는 일본 사진작가가 있습니다. 그는 60세가 넘어 사진을 공부하기 시작해 인물 사진 분야의 대가가 되었습니다. 어느 날 사토 씨에게 기자가 물었습니다. "선생님, 인물 사진을 잘 찍으려면 어떤 기술이 가장 중요합니까?" 사토 씨의 대답은 이랬습니다. "그 어떤 기술보다 촬영자는 피사체를 좋아해야 합니다. 카메라의 눈은 정말 정직합니다. 촬영자가 피사체를 좋아하지 않으면 그 무미건조한 감정이 그대로 사진에 전달됩니다."

결혼 사진을 찍는 사진사가 마음속에 '아, 돈 벌기 위해 이 못난 이들 사진을 찍어야 한단 말인가?' 하면서 찍는 경우와 '우와! 멋진 신혼부부네! 왜 이렇게 설레지? 이 사람들이 잘 살아야 할 텐데……' 하면서 찍는 경우, 누가 더 좋은 사진을 찍을 수 있을까요? 누가 그 일로 더 행복하게 살 수 있을까요? 누가 더 부자가 될 가능성이 높을까요?

누군가를 만날 때 반색을 하면서 반가워하는 것, 해야 할 일을 하면서도 설레는 마음으로 하는 것, 논문이나 책을 읽을 때, 강의를 들을 때 감동하면서 읽고 듣는 것……. 이 모두가 저절로 느껴지는 감정이라고 생각하는 사람이 많습니다. 하지만 반색하기, 설레기, 감탄하고 감동하기는 의도적으로 배우고 연습해야 하는 일종의 기술입니다.

저는 여러분이 어디서 누구와 어떤 일을 하건 사람들이 여러분을 만나면 반색하면서 반가워하고, 여러분을 만난다고 생각만 해도 설레고, 여러분이 하는 상담이나 강의에 감동하기를 간절히 소망합니다. 그러려면 반드시 충족시켜야 하는 전제조건이 있습니다. 여러분이 먼저 사람들을 만날 때 반색하면서 반가워하고, 논문이나 책을 읽고 강의를 들을 때 감탄하고 감동할 수 있어야 하고, 학교나 직장에 가기 위해 아침에 일어나면서 설레야 합니다.

누군가를 만날 때 반갑게 맞이하기 위해서는 여러분이 만나는 그 사람이 호감이 가고 기분이 좋은 사람이라고 가정해야 합니다. 책을 읽으면서 공부할 때 설레고 감탄하려면, 그 책 속에 정말 감탄할 수밖에 없는 뭔가가 숨겨져 있다고 가정하면 됩니다.

연습해보십시오. '아니, 이런 내용이! 대단하다! 우와, 정말 최고다!' 사람을 만날 때도, 밥을 먹을 때도, 책이나 논문을 읽을 때도, 의도적으로 설레어보십시오. 감동하고 감탄해보십시오. 연습만으로도 보이는 것이 달라집니다. 기억되는 것도 달라집니다. 사는 것도 훨씬 더 즐거워집니다.

살아보면 열심히 공부하는 것, 좋은 학점을 받는 것, 논문을 많이 쓰는 것은 생각보다 중요하지 않습니다. 그보다 더 중요한 것이 있습니다. 무슨 일을 하든 설레는 마음으로 하는 것입니다. 그리고 가끔 이현주 시인의 시 〈죽은 나무〉 중 '설레지 않는 나무는 죽은 나무다'라는 문장을 떠올려보십시오.

죽은 나무

죽어 뼈만 남은 고사목
칼처럼 우뚝 서서
바람이 불어도 흔들리지 않는다.
그렇다.
바람이 불어도 설레지 않는
나무는
죽은 나무다.

모든 복잡한 문제에는 쉬운 답이 있다.
그러나 그 답은 틀린 답이다.
- H. L. 멘켄

쉬운 답은
틀린 답이다

"안녕하세요. 저는 ○○대학교 2학년에 재학 중인 학생입니다. 저는 제 인생을 멋지게 그려서 후회 없는 삶을 살아가고 싶은 학생입니다.······ 귀하께 큰 영향을 준 책을 소개받고 싶어 연락을 드렸습니다. 가능하시다면 소속을 말씀해주세요······." - 50여 명의 수신자에게 한꺼번에 보낸 메일

"저술하신 책을 잘 보았습니다. 제가 메일을 보내는 것은 정말 절박한 심정으로 제 문제를 풀고 싶기 때문입니다.······ 이 문제

를 풀 수 있게 도와주신다면 답변을 주신 분에게 언젠가 찾아가 보답하고 싶습니다." – 40명의 수신자에게 똑같이 보낸 A4 3장 분량의 메일 중 일부

"○○고등학교에 재학 중인 학생입니다. 교수님들께 이메일을 보내는 까닭은 과제 중 어떤 분야에서 뛰어난 성과를 보여준 사람과 인터뷰를 하고 포트폴리오를 작성하는 것 때문입니다. ······ 대학 교수님들께 메일을 보냈지만 한 번도 답장을 받지 못했습니다. 부디 제 메일을 읽고 답해주신다면 정말 감사할 것 같습니다. – 학과 교수 모두를 수신자로 보낸 메일

위와 비슷한 내용의 메일을 저는 수도 없이 많이 받습니다. 여러분이 저라면 이런 메일을 보낸 사람에게 바쁜 시간을 쪼개서 정성껏 답장을 보내주고 싶을까요? 아니면 무시하고 싶을까요?

위에 소개한 메일들은 보낸 사람과 내용은 다르지만 한 가지 공통점이 있습니다. 누군가에게 뭔가를 요청하는 메일이라는 점입니다. 그리고 여러 사람에게 한꺼번에 보냈습니다. 왜 한꺼번에 여러 사람에게 보냈을까요? 쉽고 경제적이기 때문입니다.

세 번째 사례의 고등학생은 메일 마지막에 솔직하게 이렇게 적고 있습니다. "여러 대학 교수님들께 메일을 보냈지만 한 번도 답장을 받지 못했습니다." 이 학생이 답장을 받지 못한 이유는 무엇일까요? 바로 쉬운 길을 선택했기 때문입니다. 무슨 일이든 열심히 해봤는데도 성과가 나지 않는다고 말하는 사람들은 대개 쉬운 답을 찾은 경우입니다.

연구 결과에 따르면 뭔가를 요청하는 이메일을 한 명의 수신자에게 보냈을 때 답장을 받을 확률은 95%지만, 10명의 수신자 이름을 함께 쓰면 그 확률이 5%로 떨어집니다. 수신자가 많은 이메일을 받은 사람은 답장을 써야 한다는 책임감이 급격하게 떨어지기 때문에 이메일을 읽지 않거나 읽더라도 요청을 무시하게 됩니다.

실제로 책임감 분산의 효과를 검증한 실험에서 위급상황이 생겼을 때 그냥 '도와주세요!'라고 외치는 것보다 '저기 안경 쓴 학생, 나 좀 도와주세요!'라고 한 사람을 명확하게 지적하면 도움받을 확률이 현저하게 높아집니다.

우리는 의미 없는 다수 중 한 명(one of them)이 아니라 특별하고 유일한 사람(only one)이 되고 싶어합니다. 그렇게 하려면 쉬운 길

가장
위험한 것은
위험을 피해가는
것이죠!
쉬운 길로만 가다 보면
어떠한 일이
닥쳤을 때
아무런 방어도
하지 못할
것입니다.
- 마크 저커버그

을 택하면 안 됩니다. 힘들지만 공을 들여야 합니다.

어느 해 연말 교수 휴게실에서 어떤 교수가 물었습니다. "요즘은 크리스마스카드나 연하장을 문자나 이메일로 보내는 학생이 많은데, 저는 그런 걸 받으면 짜증이 나기도 하던데 심리학 교수님, 제가 잘못된 건가요?"

여러분은 어떤가요? 문자나 이메일 카드를 받는 순간 반갑고 고맙던가요? 그런데 왜 사람들은 문자나 전자카드를 보낼까요? 쉽기 때문입니다. 또한 경제적이기 때문입니다.

사실 문자나 이메일, 손으로 쓰는 카드에 적는 내용은 거의 비슷합니다. 그런데 왜 전자카드를 받았을 때와 손으로 쓴 카드를 받았을 때 느낌이 완전히 다를까요?

손수 쓴 카드를 받았을 때 사람들은 어떤 생각을 할까요? 여러 가지 카드 중에 이 카드를 고르고, 쓰기 전에 이런저런 생각을 한 다음에 생각을 정리하고, 정성껏 손으로 써서 봉투에 넣은 다음 붙이고, 겉봉에 주소를 적고, 우체국에까지 가서 우표를 구입해서 붙이고……. 이 모든 과정을 떠올리면서 그 정성에 감사한 마음이 들기 때문에 더 소중하게 느끼는 것입니다.

논문 학기가 되면 논문을 쓰기 위해 반드시 지도교수와 상의해야 합니다. 각자 주제도 다르고, 진행 정도도 다른데 많은 학생이 동기들과 함께 오겠다고 메일을 보냅니다. 왜 동기들과 함께 만나고 싶어할까요? 편하고 쉽기 때문입니다. 하지만 여러 학생이 같이 오면 교수는 학생 각각에 대해 문제점을 지적해주기 어렵습니다.

> "교수님. 다름이 아니고, 병원 지원할 때 교수님 추천서가 필요한데 추천서를 부탁드려도 될까요? 동기들과 이야기해봤는데 모두 추천서가 필요하다고 합니다. 추천서 좀 부탁드립니다. 번거로우실 것 같아서 대표로 메일을 드립니다. ○○○ 올림."

얼마 전에 받은 이메일입니다. 추천서를 부탁하면서 지원하고자 하는 병원도 알려주지 않고, 그 병원을 지원하는 이유도 밝히지 않고, 그것도 대표 한 명이 추천서를 부탁해왔습니다. 만일 여러분이 제 입장이라면 어떤 생각을 하게 될까요?

미국 직업탐색의 아버지, 리처드 볼스는 이렇게 말했습니다. "미국에서 최근 5년간 실시한 조사에 따르면, 지원서를 넣는 회사에 대해 정확하고 풍부한 정보를 갖추기만 해도 성공률은 16배 정도 높아진다." 정말 원하는 추천서를 받고 싶다면 추천자에게 더 많은 정보를 수집해서 제공하고, 적극적으로 추천하고 싶은 자기만의 이유를 제공해야 합니다.

그런데 위와 같은 경우만 그럴까요? 아닙니다. 밥값을 내야 할 때도, 과제를 작성할 때도, 논문 주제나 연구 방법을 선택할 때도 쉬운 길만을 택하는 사람이 많습니다.

다이어트를 할 때도 마찬가지입니다. 비만인 사람 중에는 체중 조절을 음식 섭취 조절이나 운동보다는 약이나 보조식품 등으로 해결하려는 사람이 많습니다. 이유는 간단합니다. 운동보다 약을 먹는 것이 더 쉽기 때문입니다. 하지만 쉬운 선택은 대개 실패로 끝나거나 부작용을 낳습니다.

어떤 젊은 화가가 그림이 잘 팔리지 않는다면서 원로 화가에게 이런 푸념을 했습니다. "그림을 그리는 데 3일밖에 안 걸리는데, 이 그림 한 장 파는 데는 3년이나 걸려요." 원로 화가는 한참을 생각한 후 이렇게 말했습니다. "생각을 바꿔보게. 자네가 3년 동안 정성을 쏟았다면 그 그림은 3일 안에 팔렸을 걸세."

세상의 모든 어려운 문제에는 쉬운 답이 있습니다. 하지만 쉬운 답은 대개 틀린 답입니다. 가장 경제적인 해결책은 결국 가장 비경제적인 결과를 만들어냅니다. 그래서 쉬운 답만 선택하면서 살게 되면 종국에는 어려운 삶을 살게 될 가능성이 높습니다.

가난한 사람들은 지출의 관점에서 행동을 선택합니다. 반면 부자들은 투자의 관점에서 행동을 선택합니다. 무슨 일을 하든 지출의 관점에서 너무 경제적이고 쉬운 답만 찾기보다 장기적인 안목으로 길게 내다보면서 투자의 관점에서 선택해보는 건 어떨까요?

미화원 어머님,
감사합니다!

좋은 아침이죠? 우리, 밝고 씩씩하게 인사해봅시다. "안녕하세요!" "안녕하세요!" 벌써 개학하고 세 번째 수업입니다. 그런데 어떤 학생도 먼저 소리 내서 인사하는 학생이 없네요. 교수인 저에게도 안 했으니, 학생들끼리도 안 했겠죠? 그렇다면 강의실에 들어오면서 마주친 경비원 아저씨나 미화원 아주머니께도 인사를 안 했겠죠?

며칠 전에 이런 신문기사를 읽었습니다. 서울에 있는 어느 대학의 학생이 미화원 아주머니를 돕기 위해 도서관에 설치된 정수기 옆에 이런 내용의 메모지를 붙였습니다.

"안녕하세요. 2열을 자주 이용하는 늙은 고시생입니다. ㅠㅠ 다름 아니라 어머님이 정수기 물받이통 비우실 때 일일이 종이컵을 손으로 건져내셔야 해서 많은 불편을 겪고 계십니다! 번거로우시겠지만 종이컵은 쓰레기통에 넣어주세요(통 자체도 물이 차면 엄청 무거움 ㅠ_ㅠ). 부탁드릴게요! ^-^ -法돌이"

미화원 아주머니를 '어머님'이라고 부르는 것도 그렇고, '번거로우시겠지만 종이컵은 쓰레기통에 넣어주세요! 부탁드릴게요 ^-^'라고 부드럽고 친절하게 부탁한 모습도 너무 사랑스럽고 멋지지 않나요? 이 메모를 읽은 미화원 아주머니는 법대 학생이 쓴 그 메모지 옆에 이런 내용의 재치 있는 메모지를 붙여 감사의 뜻을 전했습니다.

"법 공부하는 학생님 전(前). 이 미화원 아주머니를 친어머니처럼 생각해줘서 너무 고맙습니다. 한번 만나보고 싶습니다. 그동안 종이컵이 물통에 많이 있었는데 이 글을 쓴 뒤에 거의 100% 가까운 효과를 보고 있습니다. 남자 화장실 맡은 아줌마 올림."

정말 훈훈하지 않습니까? 테레사 수녀님은 이렇게 말했습니다. "우리 모두가 위대한 일을 할 수는 없습니다. 그러나 누구나 작은 일을 위대한 사랑으로 만들 수는 있습니다." 친절한 배려, 미소 한 번으로도 우리는 얼마든지 베푸는 사람이 될 수 있습니다.

복도에서 마주친 아주머니에게 고마운 마음을 갖고 반갑게 인사합시다. 여러분이 반갑게 인사하면 아주머니는 여러분에게 의미 있는 존재로 인정받아 기분이 좋아지겠죠? 기분이 좋아지면 집에 돌아가 가족에게도 미소를 보여줄 겁니다. 그러면 대뇌에 있는 거울신경세포의 작용으로 가족의 표정이 달라지겠죠? 가족의 표정이 달라지면 그들이 만나는 사람들의 표정도 달라집니다. 그러면 세상이 조금씩 밝은 쪽으로 변화되지 않을까요?

넬슨 만델라는 다음과 같이 말했습니다. "인생에서 중요한 것은 삶을 살았다는 것 자체가 아닙니다. 우리의 삶이 다른 이들의 삶에 얼마나 긍정적인 변화를 일으켰느냐가 중요한 것입니다."

존 버거의 시 〈그걸 바꿔봐〉를 소개합니다. 한 번 읽어보십시오.

그걸 바꿔봐

목줄이 너무 짧아?

길게 늘이면 되잖아!

그러면 개는 그늘에 들어갈 수 있을 테고

그늘에 드러누우면 짖기를 멈추겠지.

그렇게 조용해지면

엄마는

거실에 새장을 걸어놓고 싶었다는 게 기억날 거야.

카나리아가 노래를 불러주면

엄마는 다림질을 더 많이 할 수 있을 테고

새로 다린 셔츠를 입고 출근하는 아빠는

어깨가 조금 덜 쑤시겠지.

퇴근 후 집에 돌아온 아빠는 예전처럼

10대인 누나와 TV를 보며 농담을 할 거야.

그러면 누나는

큰맘 먹고 이번 한 번만

남자친구를 다음 저녁식사에 데려와 보자고

결심할지도 몰라.

아빠는 저녁식사를 함께한 그 젊은 친구에게

언제 낚시나 한 번 같이 가자고 하시겠지.

그냥 줄을 길게 늘여보는 거야.

누가 알겠니?

하나를 바로잡으면

다른 변화가 천 개쯤 이어질 거야.

이제 미화원 아주머니나 경비 아저씨를 만나면 반갑게 인사할 거죠? 물론 반갑게 인사할 기분이 아닐 때도 있을 겁니다. 그러나 반갑게 인사를 해야 할 때는 딱 두 가지 경우가 있습니다. 첫째, 반갑게 인사하고 싶을 때. 둘째, 반갑게 인사하고 싶지 않을 때! 기분이 좋아서 반갑게 인사할 수도 있지만 반갑게 인사를 하다 보면 기분이 좋아질 수도 있습니다.

알프레드 아들러는 우울하다는 환자에게 이렇게 제안했습니다. "밖에 나가서 다른 사람들에게 친절을 베푸세요." 그러자 환자가 대답했습니다. "선생님, 그럴 기분이 아닙니다." 그러자 아들러는 다시 요청했습니다. "그러면 친절을 베푼다는 상상만이라도 하세요!" 행동으로 실천하기 힘들 때는 상상만이라도 좋습니다. 그러면 행동으로 이어질 가능성이 현저하게 높아집니다.

사소한 것은
결코 사소하지 않다

점심식사 자리에서 한 학생이 학교에서 대학원생실에 대형 에어
컨을 설치해줬다고 했다. 그래서 내가 교수들은 에어컨 구입과
전기료를 각자 부담하는데, 학교가 학생들을 많이 배려해주는
것이라고 하자, 그 학생은 "정말요? 우리가 공부를 더 열심히 해
야겠네요"라고 말했다. 그런데 그 옆의 학생이 대뜸 이렇게 대구
했다. "야, 우리는 등록금을 내잖아!"

제가 쓴 책《끌리는 사람은 1%가 다르다》중에서 감사의 마음이

인간관계와 비즈니스에 얼마나 지대한 영향을 미칠 수 있는지를 다룬 주제 '당연한 일에서도 감사할 일을 찾아보라'의 앞부분입니다.

책이 나온 후 저는 후자의 대학원생을 연구실로 불렀습니다. 제 사인을 한 책 한 권을 건네며 이 책 속에 자네 얘기가 들어 있다고 말해줬습니다. 당연히 그 학생은 어떤 내용이 책에 실렸는지 궁금해했겠죠? 저는 몇 가지 질문으로 이야기를 시작했습니다.

먼저 지난여름 학교 근처에서 보리밥을 사준 적이 있는데 기억하는지 물었습니다. 그는 기억하고 있고, 친구 ○○○도 함께 있었다고 말했습니다. 그래서 저는 ○○○이 학교에서 대학원생 연구실에 에어컨을 설치해줬다고 얘기한 것이 생각나는지 물었습니다. 그는 "물론입니다. 그때 교수들은 에어컨도 자비로 설치하고 전기료도 낸다고 말씀하셔서 정말 놀랐습니다"라고 말했습니다.

저는 다시 질문했습니다. "대학원생실에 에어컨을 설치해주는 건 학교가 학생들을 많이 배려해주는 것이라고 내가 말하자 자네 친구가 어떤 말을 했는지 혹시 기억이 나나?" 그는 그것까지는 생각나지 않는다고 말했습니다. 그래서 제가 그때 일을 말해주었습니다.

"○○○은 내게 이렇게 말했어. '정말이요? 교수님들은 에어컨도 자비로 구입하고, 전기세까지 내는데, 학교에서 대학원생들을 위해 이렇게 좋은 에어컨을 설치해줬으니 저희가 공부를 더 열심히 해야겠네요'라고 했지. 그런데 그때 자네는 뭐라고 말했는지 기억 나는가?"

그는 정말 자기가 무슨 말을 했는지 기억나지 않는다고 했습니다. 그래서 저는 그가 했던 말을 그대로 들려줬습니다. "야, 우리는 등록금 내잖아!"

저는 또다시 질문을 했습니다. "자네가 교수라고 가정해보자. 아주 좋은 회사에서 학생을 딱 한 명만 추천해달라는 의뢰를 받았다. 성적, 외국어 실력이나 태도 등 모든 점에서 두 학생이 비슷하다면 자네는 둘 중 누구를 추천하겠는가?"

그 학생은 잠시 생각하더니 얼굴을 붉히면서 친구 ○○○을 추천하겠다고 말했습니다. 이유를 묻자 이렇게 대답했습니다. "뭐든 당연하게 여기는 저 같은 사람보다 어찌 보면 당연한 일 속에서도 감사할 일을 찾아내 보답하려는 사람에게 끌리는 것이 인지상정 아닐까요? 그때는 거기까지 생각을 못했던 것 같습니다."

모든 결과에는 반드시 원인이 있습니다. 그 원인을 추적해 들어가면 아주 작은 시작점이 있습니다. '외모, 능력, 학벌, 뭐가 그리 잘났어?' '왜 하필 그 사람이야?' 이런 생각이 들 때 역시 그가 왜 선택되었는지 이유를 찾아봐야 합니다. 거창한 데서가 아니라 쉽게 눈에 띄지 않는 작은 차이점을 찾아봐야 합니다. 저는 그 학생에게 의식하지 못하고 행하는 우리의 작은 행동 하나가 우리 자신을 완전히 엉뚱한 곳으로 데려다 놓을 수 있는 이유를 설명해주었습니다.

"자네와 친구 두 사람이 모든 점에서 동일해서, 그것을 점수로 계산하면 똑같이 1000점씩 된다고 가정하자. 그런데 점심자리에서 한 말 한마디로 1점의 차이가 생겼다고 치자. 그러면 두 사람의 점수는 1001점과 1000점이 된다. 이 둘의 차이는 1000분의 1에 불과하기 때문에 결코 눈에 띄는 차이가 아니다. 하지만 양쪽의 1000점씩을 상쇄시키면 1점과 0점만이 남게 된다. 한 명만 선택 받는 상황이라면 바로 그 1점이 선택과 탈락을 좌우한다. 성공과 실패, 행복과 불행의 갈림길은 그런 사소한 것으로 시작된다."

별 생각 없이 툭 던진 말 한마디가 졸업 후의 취업을 좌우할 수도 있습니다. 그리고 그것은 또 다른 결과로 이어지기도 합니다. 그런 작은 일이 계속 반복된다면? 출발점이 같았던 두 사람은 완전히 다른 세상에서 살게 됩니다. 이 대목에서 그 학생은 숨을 깊이 들이쉬면서 이렇게 말했습니다. "선생님, 제가 별 생각 없이 툭 던진 말 한마디, 기억하지도 못하는 그 작은 일이 제 인생을 완전히 망칠 수 있다는 생각을 하니까 등에서 식은땀이 납니다."

이 이야기를 읽고 여러분 중에 아직도 '말 한마디가 뭐 그리 대수냐?'라고 의문을 품는 사람이 있을지도 모릅니다. 만약 그런 사람이 있다면 저는 그에게 '그게 바로 대수!'라고 말해줄 겁니다.

어떤 상황에 있건 당연한 일 속에서도 감사할 일을 찾아보십시오. 감사하게 느껴지면 속으로만 생각하지 말고 표현하십시오. 그리고 앵무새처럼 말로만 하지 말고 어떤 식으로든 보답해보십시오. 그러면 앞으로 여러분에게 감사할 일이 더욱더 많이 생길 것입니다.

표현해야 사랑이다
- 어버이날 Special Project -

며칠 있으면 어버이날입니다. 몇 년 전 한 취업 포털사이트에서 5월 8일 어버이날에 대학생을 대상으로 '부모님에게 가장 하기 힘든 말'이 무엇인지 조사했습니다. 조사 결과, 1위가 '사랑합니다' 라는 말이었습니다. 그런데 아이러니하게도 부모들이 자식들에게 가장 듣고 싶은 말 역시 '사랑합니다'라는 말입니다.

대학생 자녀들은 왜 세상에서 자기를 가장 사랑하는 부모님이 가장 듣고 싶어하는 말을 가장 하기 힘들다고 할까요? 표현이 얼마나 중요한지 모르기 때문입니다. 설사 안다고 해도 표현 방법을 공부하고 연습할 기회를 갖지 못했기 때문입니다.

상담할 때 "생각만 하지 말고 마음속에 담아둔 좋은 생각들을 표현해보라"고 하면 "마음이 중요하지 그걸 꼭 말로 해야 합니까?" 하고 반문하는 사람이 많습니다. 맞습니다. 꼭 말로 해야 합니다. 마음도 물론 중요하지만 표현은 더 중요합니다.

가족과의 관계에서 비즈니스 관계에 이르기까지 모든 관계는 '마음'과 '표현'이라는 두 가지 함수관계로 결정됩니다. 사랑하는 마음이 100점 만점에 100점이라 해도 표현이 0(제로)이면 관계 역시 엉망(제로)이 됩니다(마음 100×표현 0=관계 0).

그래서 표현되지 않은 선의는 선의가 아닙니다. 좋은 생각을 마음속에 담아두는 것은 귀한 선물을 사서 예쁘게 포장까지 해놓고 상대방에게 전해주지 않는 것과 같습니다. 좋은 생각은 마음속에 담아두지 말고 표현해야 합니다.

그런데 남이 어쩌다 베푼 작은 친절에는 감동하며 고맙다고 하면서 누구보다 감사해야 할 부모님에게는 그렇지 못한 경우가 많지 않나요? 그리고 가족 간에는 굳이 표현할 필요가 없고 부모는 칭찬이나 격려도 별로 바라지 않을 것이라고 생각하지는 않나요?

부모도 사랑받고, 칭찬받고 싶다

아닙니다. 부모도 사랑받고 싶고 칭찬받고 싶습니다. 부모는 어느 누구보다 자녀들에게 사랑받을 때가 가장 행복합니다. 꽤 오래전 제 책에 이런 내용을 쓴 적이 있습니다. "나는 여덟 살 때 칭찬을 들으면 기분이 좋았다. 열여덟 살 때도 칭찬을 받으면 흐뭇했다. 오십이 넘은 지금도 칭찬을 받으면 행복하다. 누구보다도 내 아들과 딸의 칭찬은 가장 막강한 위력을 발휘한다."

사람은 아무리 나이를 먹어도 칭찬을 들으면 기분이 좋아집니다. 사랑받고 존중받고 싶은 것은 인간의 본능입니다. 여러분의 부모도 그럴 것이고, 나중에 여러분이 부모가 되어도 마찬가지일 것입니다.

상담을 하다 보면 가슴에서 입까지의 거리는 30cm도 안 되는데 가슴속에 담아둔 좋은 마음을 입으로 표현하는 데 30년도 넘게 걸리는 사례들을 만납니다. 아니, 평생 가슴에만 묻어두고 마지막 순간이 지난 다음에야 과거형으로 표현하는 경우도 많습니다.

그런데 왜 우리는 가장 소중한 가족에게 해야 할 가장 중요한 말을 마지막 순간까지 미루는 것일까요? 가족이란 붙박이처럼 늘 그자리를 지키고 있을 것이라고 생각하기 때문입니다.

당연하게 여기는 태도를 감사의 마음으로 바꾸고 마음속에 담아둔 좋은 생각을 표현하는 가장 좋은 방법은 가끔 마지막이라는 생각으로 가족을 대하는 것입니다. 매일 이런 생각을 하면서 사는것은 어렵겠지만 가끔씩 가족을 다시는 만나지 못할 사람처럼 대하면 많은 것이 달라집니다.

마지막 순간에 간절히 원하게 될 그것을……

9·11 테러사건과 대구 지하철 화재사건 등 죽기 직전의 다급한 상황에서 사람들은 사랑하는 가족에게 이런 메시지들을 전합니다.

엄마! 이 건물이 불에 휩싸였어. 벽으로 막 연기가 들어오고 있어. 도저히 숨을 쉴 수가 없어. 엄마, 사랑해! 안녕…… (베로니크 바워 양이 어머니에게 남긴 메시지)

"여기 불이 났는데, 문이 안 열려. 난 갇혀 있는데, 엄마밖에 생각이 안 나고……. 사랑해! 사랑해! 사랑해! 사랑해! 사랑해……."(한 여학생이 엄마와 했던 마지막 통화)

"아버지, 저예요……." "그래, 거기 어디냐?" "여기 지하철 안인데요……." "왜 그래? 무슨 일이라도 있니?" "아버지, 어머니…… 불효자식을 용서해주세요……." "여보세요? 여보세요?" "……."(아버지와 막내아들의 마지막 통화)

죽음에 대한 연구로 평생을 보낸, 엘리자베스 퀴블러 로스는 이렇게 말했습니다. "삶은 우리가 생각하는 것보다 훨씬 짧습니다. 삶의 마지막 순간에 사랑하는 사람들을 마지막으로 한 번만 더 볼 수 있게 해달라고 기도하지 마십시오. 마지막 순간에 간절히 원하게 될 것, 그것을 지금 하십시오."

사실 우리 모두는 죽음을 향해 한 걸음씩 다가가는 시한부 인생이며, 이별은 예고 없이 찾아옵니다. 붙박이처럼 늘 그곳에 있을 것 같던 부모는 어느 순간 더 이상 이 세상에 존재하지 않게 됩니다.

일본의 경영 컨설턴트 오마에 겐이치는 이렇게 말했습니다. "서른 즈음의 일이다. 앞으로 몇 번 저녁식사를 하게 될까? 계산해보았더니 1만 8천 번이라는 답이 나왔다. 1만 8천 번이라 할지라도 결국은 유한하다는 것을 알고부터 저녁식사를 대충 하지 않게 되었다. 다음 저녁은 누구와 어디에서 먹을지 항상 신중하게 계획한다."

여러분은 앞으로 부모님과 함께 몇 번이나 저녁을 먹을 수 있을까요? 천 번? 만 번? 아닙니다. 생각처럼 그리 많지 않습니다. 여러분이 집을 떠나 학교를 다니거나 결혼을 해서 멀리 떨어져 살면 한 달에 한 번 저녁을 같이 먹는 것도 쉬운 일이 아닙니다.

지금 60세인 부모님과 한 번도 빼놓지 않고, 한 달에 한 번 저녁을 같이 한다 해도 80세까지 240회밖에 안 됩니다. 설사 천 번 만 번이 된다고 해도 결국은 유한하며, 횟수는 점점 줄어들 뿐입니다. 그러니 표현하는 것을 계속 뒤로 미루면 안 되겠죠?

많은 사람들은 순간의 쑥스러움이나 어색함 때문에 나중에 표현하겠다고 생각하면서 오늘 할 수 있는 친절한 말 한 마디를 뒤로 미룹니다. '감사합니다', '죄송합니다', '사랑합니다'라고 표현하면 부모님의 기분과 집안 분위기가 어떻게 바뀔지 생각해보면서 더 늦기 전에 표현해보십시오.

소중한 것은 누리고 있을 때는 느끼지 못하다가 잃어버린 후에야 그 진가를 깨닫게 됩니다. 당나라 선승 임제선사는 이렇게 말했습니다. "물 위를 걷는 것이 기적이 아니라 땅 위를 걷는 것이 기적이다." 그렇습니다. 지금 현재형으로 표현할 수 있는 사랑이 누군가에게는 기적입니다.

이번 어버이날이 부모님이나 할머니 할아버지와 함께 보내는 마지막 '어버이날'이라고 가정하십시오. 가슴속에 담아두고 있는 마음을 표현해보십시오. 꼭 말로 안 해도 됩니다. 쑥스럽다면 쪽지나 편지도 좋고 이메일이나 문자도 좋습니다.

어버이날까지 미루지 말고 오늘은 문자로라도 꼭 한 번 시도해보십시오. 길지 않아도 됩니다. 단 한 문장으로도 얼마든지 표현할 수 있습니다. '사랑한다'는 표현의 최대 수혜자는 우리 자신입니다. 표현하려고 마음먹는 순간 기분이 좋아지고 행복해집니다.

종은 울려야 종이고

사랑은 표현해야 사랑입니다.

울리지 않은 종은 쇳덩어리일 뿐이고,

표현되지 않은 사랑은 그저 생각일 뿐입니다.

겨울 ——

멈추고 생각하기

정말 좋아하는 일을
찾고 싶다면

"교수님, 정말 원해서 들어왔고 제 위치를 많은 사람들이 부러워
한다는 것도 잘 압니다. 그런데 일이 정말 많고 너무 힘듭니다.
일이 아무리 많아도 제가 하고 싶은 일이라면 얼마든지 견딜 수
있습니다. 하지만 제가 하는 일은 거의 매일 기계적으로 반복되
는 심리검사와 보고서 쓰는 일이라 무미건조하고 재미도 없고
지겨운 일의 연속입니다. 만족감도 성취감도 느낄 수 없는 이 일
을 앞으로 2년간 더 해야 한다고 생각하면 너무 괴롭습니다. 이
쯤에서 그만두고 제가 좋아하는 일을 찾아야 할 것 같습니다."

여러분의 선배 한 사람이 털어놓은 고민입니다. 어쩌면 나중에 여러분도 비슷한 생각을 하게 될지 모르겠습니다. 정말 치열한 경쟁을 뚫고 들어갔는데……. 마음이 정말 착잡했습니다. 수련 과정이 얼마나 힘든지 잘 알고 있지만 우리 학생들이 이렇게까지 힘들어할 줄은 몰랐습니다.

이 선배처럼 많은 사람들이 수련 과정에서 가장 많이 해야 하는 심리평가에 대해서 '무미건조하고 재미도 없고 지겨운 일'이라고 생각합니다. 그러면서 자기는 상담이나 심리치료가 더 적성에 맞는 것 같다고 말합니다. 물론 그럴 수 있습니다.

하지만 조금 다른 각도에서 바라보면 어떨까요? 심리평가는 다른 분야의 사람들이 범접하기 어려운 임상심리학자들만의 비장의 무기이며, 어떤 사람을 변화시키는 데 심리평가만큼 강력한 것도 없습니다. 심리치료의 대가 레이먼드 코르시니는 《현대 심리치료》 서문에 이렇게 적었습니다.

> 내가 했던 가장 성공적인 심리치료는 50년 전, 뉴욕의 아우번 교도소에서 심리학자로 근무할 때였다. 어느 날 가석방자 한 명이 교도소를 떠나기 전에 꼭 감사인사를 하고 싶다면서 찾아왔다.

그는 2년 전 나를 만난 후 완전히 달라졌다고 말했다. "그때부터 교도소 안에서 고교과정 공부를 하고, 제도사 자격증을 땄습니다. 교회를 다니기 시작했으며 가족에게 편지도 쓰기 시작했습니다. 나가면 대학에 진학할 것입니다. 인생을 바꿔준 선생님께 진심으로 감사합니다."

그런데 면담기록부를 뒤져보고 아무리 생각해봐도 IQ 검사를 실시한 것 외에 특별한 상담을 한 적이 없었다. 의아해하면서 감사해야 할 사람이 정말 나인지를 묻자, 그는 단호하게 말했다. "선생님이 맞습니다. 선생님은 검사를 끝내고 제게 IQ가 높다고 말씀하셨어요. 그 말을 듣고 난 후 저는 왜 내가 친구들보다 십자말풀이를 더 잘하는지, 왜 체스를 좋아하고 왜 재즈보다 교향곡을 더 좋아하는지 알게 되었습니다." 지능검사 결과에 대해 설명해준 내 말 몇 마디로 인해 자신과 세상에 대한 그의 태도가 완전히 달라진 것이었다.

우리가 검사를 실시하는 과정에서, 그리고 검사를 끝낸 후 해주는 몇 마디 말로 누군가의 인생이 완전히 달라질 수도 있습니다. 우리에게는 기계적으로 느껴지는 그 과정이 환자의 입장에서는 신비하게 느껴질 수도 있기 때문에 심리평가와 해석은 몇 달 동안의 상담보다 더 강력한 효과를 발휘하기도 합니다.

더 중요한 것은 매일 해야 하지만 하기 싫어하는 심리평가와 같은 일은 여러분이 그토록 하고 싶어하는 상담이나 심리치료를 잘하기 위해 반드시 거쳐야 하는 수련 과정입니다. 하고 싶은 일을 잘하려면 하기 싫은 일도 잘할 수 있어야 합니다.

얼마 전 퇴직을 앞둔 저에게 점심을 대접하고 싶다고 교직원 몇분이 자리를 마련했습니다. 그 자리에서 한 분이 물었습니다. "교수님은 다른 활동은 별로 안 하시고 주로 책만 쓰시는 것 같던데 평생 좋아하는 일만 하면서 사셨죠?" 그래서 저는 이렇게 대답했습니다.

"네, 그런 것 같습니다. 그런데 '하고 싶은 일'을 제대로 하려면 '하기 싫은 일'을 열 배 스무 배는 더 해야 합니다. 책을 쓰려면 남들이 보지 않는 곳에서 남들이 하기 싫어하는 수많은 일들을 정말 오랫동안 끈질기게 해야 하거든요. 즉각적인 보상도 없고 아무런 보장도 없는 불확실한 상황에서 정말 오랫동안 꼬물꼬물 자료를 수집하고, 정리하고, 생각하기를 끊임없이 반복해야 합니다."

언젠가 아내가 드라마를 보면서 "나도 방송작가가 되고 싶다"고 했습니다. 그러고는 "그런데 글을 쓰는 건 어려워"라고 하더군요. 그래서 저는 "나는 내가 작가라는 것이 좋다. 그러나 글 쓰는 일은 싫다"는 소설가 피터 드브리스의 얘기를 들려주면서 "작가가 되고 싶긴 하지만 글쓰기 공부는 싫다는 거지?" 하면서 놀린 적이 있습니다.

'좋아하는 일을 해야 성공한다.' '자신이 진정으로 좋아하는 일을 찾아라.' 이렇게 쉽게 말하는 사람이 많습니다. 하지만 좋아하는 일을 잘하려면 반드시 좋아하지 않는 일을 열 배 이상 할 각오를 해야 합니다.

영화배우 박신양이 러시아에 유학 갔을 때의 일입니다. 유학생활이 너무 힘들어 담당 선생님을 찾아가 상담을 했습니다. "선생님, 저는 왜 이렇게 힘든가요?" 선생님은 시집을 한 권 건네주었는데, 그 시집에는 "왜 당신의 인생이 무조건 힘들지 않아야 한다고 생각하십니까?"라는 내용이 있었습니다. 박신양은 그 글에 동기부여가 되어 멋진 배우로 성장할 수 있었다고 합니다.

하고 싶은 일을 하려면 하기 싫은 일을 더 많이 해야 하고, 편할 때보다 힘들 때가 더 많은 것이 인생입니다. 힘든 일, 하기 싫은 일을 사랑해야 인생이 행복해집니다. 박신양은 말했습니다. "자신의 힘든 시간을 사랑하지 않으면 자기 인생을 사랑하지 않는다는 의미입니다."

좋아하는 일을 해야 성공한다. 하고 싶은 일을 해야 행복하다는 생각을 하면서 지금 하고 있는 일이 재미가 없으니까 좋아하는 일을 찾고 싶다는 사람이 많습니다. 하지만 그런 꽃길 걷기는 환상입니다. 모든 좋아하는 일의 이면에는 힘들고, 무미건조하고, 지겨운 과정이 숨어 있습니다. 그래서 하기 싫은 일, 힘든 일을 좋아하는 일로 만들지 못하면 절대로 하고 싶은 일을 제대로 할 수 없습니다.

좋아하는 일을 찾아 성공하는 첫 번째 방법은 하고 싶은 일만을 계속 찾는 것입니다. 그러나 이 방법으로는 죽을 때까지 성공하지 못할 수 있습니다. 두 번째 방법은 해야 하는 일을 좋아하는 것입니다. 이 방법을 선택하면 좋아하는 일을 더 빨리 찾고, 성공할 가능성도 더 높아집니다.

영국의 정치인 앨버트 그레이는 이렇게 말했습니다. "성공하는 사람은 성공하지 못하는 사람들이 하기 싫어하는 일을 하는 습관을 가지고 있다. 물론 그들도 그런 일을 하고 싶지 않기는 마찬가지다. 그러나 그들은 목적의식이라는 힘으로 그것을 극복하고, 하기 싫은 일을 하고 싶은 일로 만든다."

지금의 한계가 평생을 따라다닐 수도 있다

우리는 하고 싶은 일을 하기 위해서, 목적의식이라는 힘으로 하기 싫은 일, 재미없는 일을 나름대로 최선을 다해 열심히 합니다. 그러다가도 가끔은 한계에 도달합니다. 더 이상 참을 수 없다는 생각이 들 때가 있습니다. 최선을 다해서 노력해도 희망이 보이지 않고 암울하게 느껴질 때, 그래서 포기하고 싶을 때가 있습니다. 그럴 때 다음의 기사를 기억하길 바랍니다. 꽤 오래전 이라크 전쟁이 한창일 때 종군기자였던 조선일보 강인선 기자가 쓴 글입니다.

기사를 쓰고 있는데 부대를 총지휘하는 대령이 찾아와서 돌아가고 싶으냐고 묻는다. 나는 바그다드까지 가서 이 전쟁의 끝을 보고 싶은 생각과 이쯤에서 워싱턴으로 돌아가고 싶은 생각이 반반이라고 솔직하게 말했다. 대령은 내 옆자리에 앉았다.

"1976년 내가 한국의 비무장지대에서 근무할 때 북한군의 총격을 받아 팔에 부상을 입었어요. 8·18 도끼만행사건 직전입니다. 죽기 싫어 상관에게 남쪽으로 옮겨달라고 했습니다. 그러자 그는 여기서 도망치면 앞으로 어려운 일이 생길 때마다 항상 도망만 다닐 것이라며 당장 나가라고 소리쳤습니다." 그 대령의 큰 눈에 눈물이 그렁그렁 맺혔다.

"당신이 '여기까지가 나의 한계다'라고 생각하고 돌아간다면 지금 그은 그 선이 평생 당신의 한계가 될지 모릅니다. 그렇지만 옳다고 판단하는 일을 하십시오. 도와드리겠습니다." 그의 눈에서 눈물이 주르륵 흘렀다. 나는 막사 밖으로 나가 다시 불어닥치기 시작한 모래돌풍 속에서 한참 동안을 멍하니 서 있었다. 선택할 수 있어서 너무 괴롭다.

기자가 '여기서 물러나 평생 한계를 안고 살 것인가, 아니면 목숨을 잃을지 모르는 위험을 무릅쓰고 한계를 극복할 기회로 삼을 것인가' 하고 고민했던 것처럼, 우리의 인생은 수많은 선택에 직면하면서 자신의 한계를 넓혀가기 위해 끊임없이 노력하는 과정인지 모릅니다.

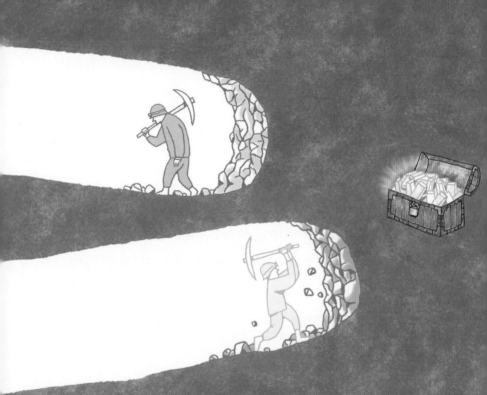

많은 사람이 실패하는 이유는
성공을 한 발 앞에 두고
그만두었기 때문이다
- 셰익스피어

공부하다 졸음을 참지 못하거나 먹고 싶은 욕구를 이겨내지 못하는 사소한 일에서부터, 직장이나 수련생활을 견디지 못하고 그만두는 일에 이르기까지, 살다 보면 중도에 포기하고 싶을 때가 참 많습니다. 누구에게나 있을 수 있는 일입니다.

하지만 도저히 안 되겠다 싶어 이쯤에서 포기하고 싶다는 생각이 간절할 때 반드시 생각해봐야 할 것이 한 가지 있습니다. 우리가 어떤 일을 시도했다가 그것이 힘들다고 포기하게 되면 우리가 의식하지 못하더라도 그 선이 한계가 되어 평생 우리를 따라다닐 수도 있다는 사실입니다.

반면, 한 번 한계를 뛰어넘으면 그 경험은 다른 상황에서도 한계를 뛰어넘게 해주는 원동력으로 작용하게 됩니다. 그래서 여러분 모두 힘든 상황에서도 쉽게 포기하지 않고 자신의 한계를 넓히려는 끊임없는 노력으로 큰일을 하고 더욱더 의미 있는 존재로 살면 좋겠습니다.

내가 상처받지 않기로 마음먹은 이상,
어느 누구도 내게 상처를 입힐 수 없다.
– 마하트마 간디

그들이 틀렸음을
증명하라

꽤 오래전에 여러분의 선배 중 한 명이 제 연구실로 찾아와 눈물을 흘리면서 학교를 그만두겠다고 했습니다. 스스로도 자질이 의심되던 터에 얼마 전 논문 발표장에서 후배들 앞에서 어떤 교수에게 심하게 지적을 당한 게 너무 창피해서 학교에 나올 수가 없다고 했습니다.

발표할 때, 논문 쓸 때, 또는 토론하면서 다른 사람한테 문제를 지적당하거나 비판받는 것은 누구나 겪을 수 있는 일입니다. 최선을 다해 열심히 했는데도 상사한테 질책을 들으면 자존심이 몹시 상하기도 합니다. 그럴 때는 당연히 창피하고, 인격 모욕을 당했다고 생각하면 분한 마음도 듭니다.

사람들은 대개 비난을 받으면 반발하거나 아니면 무력감에 빠지거나 주눅이 듭니다. 겉으로는 태연한 척해도 속으로 반발심이 생깁니다. 얼굴이 벌게지면서 화를 내거나 따지기도 하고 때로는 돌아서서 울고불고 난리를 치기도 합니다. 복수하겠다고 이를 갈면서 대낮부터 술을 마시기도 합니다.

세상에 무시당하는 게 기분 좋은 사람은 없습니다. 상처받기 좋아하는 사람도 없습니다. 뛰어난 성취를 해낸 사람들 역시 마찬가지입니다. 하지만 성공하는 사람들은 조금 다른 태도를 취합니다. 그들은 비난이나 비판에 휘둘려 중심을 잃지 않습니다. 가혹한 비평을 오히려 디딤돌 삼아 분발의 계기로 삼습니다.

미식축구 슈퍼볼 MVP 하인스 워드는 성공 비결을 이렇게 말했습니다. "나는 사람들로부터 '너는 못할 것이다', '프로가 될 수 없다', '키가 작다' 등등 이것도 안 되고 저것도 안 된다는 식의 말을 숱하게 들었다. 나는 그런 말을 동기부여의 기회로 활용해 이 자리에 섰다. 그러니 '너는 안 된다'는 말에 신경 쓰지 마라."

영화배우 로렌스 올리비에는 "당신이 아무리 잘했더라도, 반드시 어디선가 꽤 명석한 한 사람이 나타나 그것이 형편없다고 말할 것이다"라고 했습니다. 아무리 최선을 다하고, 아무리 열심히 일을 해도 가끔은 반드시 여러분을 무시하거나 비판하는 사람을 만나게 됩니다.

다음은 제 수업을 들었던 어떤 학생의 이야기입니다.

> "너, 이 점수로는 지방 전문대도 못 가." 하루 종일 울고불고, 담임선생님 욕하고…… 그러다 생각을 바꿨습니다. '두고 봐라. 반드시 내가 할 수 있다는 것을 보여준다.' 그리고 학교-집-학원. 수능 때까지 이 세 곳 외에는 가본 곳이 없습니다. 미용실도, 목욕탕도, 친구들과 군것질도. 그 어떤 것도 안 하고, 허벅지와 엉덩이가 짓무를 정도로 책상에 붙어 있었습니다. 그리하여 전교 10등 안에 들었습니다. 그 담임선생님 덕에 지금 교수님 강의를 듣고 있습니다.

예기치 못한 비난이나, 비판을 받을 때 사람들이 보이는 행동은 크게 두 가지 유형으로 나뉩니다. 하나는 자극에 따라 반응하는 반응적인 행동(Reactive Behavior)이고, 또 하나는 자극에 영향을 받지 않고 가치나 목표를 기준으로 선택하는 주도적인 행동(Proactive Behavior)입니다.

비판받았을 때 실패하는 사람들이 보이는 반응적인 행동(Reactive Behavior)부터 생각해볼까요?

첫째, 비난이나 비판을 받으면 쉽게 상처받고 울고불고하며 좌절감과 패배의식에 사로잡힌다. 주로 자기보다 윗사람에게 부정적인 평가를 받았을 때 나타나는 반응이다. 상대방의 평가에 절대적인 가치를 부여하기 때문이다.

둘째, 잘못을 지적당하면 자신의 행동을 정당화하면서 화를 내거나 비판받은 내용과 상관없는 상대방의 흠을 끄집어내서 상대방을 반격한다. 상대가 만만하다고 판단될 때 보이는 반응이다.

셋째, 대꾸하지 않고 묵묵부답으로 일관하거나 삐지거나 토라지면서 자리를 피한다. 가장 수동적인 공격 방법 중 하나는 상대방의 반응에 침묵하거나 자리를 피하는 것이다.

넷째, 비판이나 지적에 대해 이죽거린다. 예컨대 "당신의 문제는 너무 자신의 이익만 생각하는 것이다"라고 지적당하면 "그래, 나는 세상에서 가장 이기적이다"라고 과장하면서 이죽거린다.

다섯째, 비판이나 비난을 받으면 다짜고짜 죄송하다고 말한다. 진정으로 사과할 생각이 없으면서도 비난을 모면하기 위해 하는 사과를 심리학에서는 '방어적 사과'라고 한다.

이러한 반응적 행동은 일시적으로 스트레스를 풀고 비판을 모면하는 데는 도움이 될 수 있지만 장기적으로는 인생에 아무런 도움이 되지 않습니다.

성공하는 사람들은 비난이나 비판을 받았을 때의 태도가 다릅니다. 그들은 자극에 휘둘리지 않고 가치나 목표에 따라 주도적으로 (Proactive) 행동을 선택합니다. 그들은 자극에 따라 행동했을 때 일어날 수 있는 부정적인 결과들을 미리 예상해봅니다. 그리고 장기적으로 더 가치 있는 선택이 무엇인지 생각해본 다음 반응을 선택합니다.

첫째, 감정적으로 대응하지 않고 비판하는 사람을 정중하게 대한다. 화를 내거나 싸우려 하지 않고 자신의 생각과 다른 점이 있으면 정중하게 자신의 의견을 제시한다. 사람들은 자기를 정중하게 대하는 사람을 정중하게 대한다.

둘째, 변명하지 않고 끝까지 경청한다. 비난을 가장 효과적으로 잠재우는 방법은 그 비난을 최대한 수용하는 것이다. 기꺼이 경청할 준비가 되어 있다는 의사를 전달하면 불필요한 비판은 줄어들고, 유익한 조언은 늘어난다.

셋째, 절대적인 가치를 부여하지 않는다. 제아무리 대단한 사람도 항상 옳은 것은 아니다. 어떤 사람의 비판에 지나치게 흥분하는 것은 그의 비판에 절대적인 가치를 부여하기 때문이다. 많은 경우, 비판은 비판하는 사람의 욕구를 나타낼 뿐이다.

넷째, 귀담아듣되 곱씹지 않는다. 별로 중요하지도 않은 사람들이 하는 진지하지도 않은 비판을 너무나 진지하게 듣고, 그것을 곱씹으며 소중한 삶을 낭비할 필요는 없다. 상대방의 비판에 휘둘리지 않고 그냥 담담하게 들어주면서 참고만 한다.

다섯째, 비판 속에 숨어 있는 의미를 찾아낸다. 불쾌하지만 찾아보면 모든 비난 속에는 반드시 의미의 씨앗이 내포되어 있다. 성공하는 사람들은 비난 속에서 배울 점을 찾고, 기회를 만들어 낸다. 비판자에게 조언을 구하고 비난하는 사람을 협력자로 만든다.

대학원 시절의 일입니다. 함께 공부했던 학생 중 한 명은 상담 지도교수한테 "내담자를 돕는 것이 아니라 내담자를 망치고 있다", "자네 같은 사람이 어떻게 상담을 하겠나", "자네부터 상담을 받아야겠다"는 말을 몇 번 듣고 난 후 대학원 공부를 포기했습니다. 사실 교수님의 표현이 거칠기는 했지만 대부분의 다른 학생들 역시 비슷한 말을 들었습니다. 하지만 다른 학생들은 화를 내거나 흥분하지 않았고, 대학원 과정을 무사히 마치고 모두 제 갈 길을 잘 가고 있습니다.

이런 일도 있었습니다. 수강신청을 했는데, 담당교수님이 수강 취소를 권했습니다. 그 이유를 여쭤보자, 학부에서 심리학을 전공하지 않은 사람은 그 과목을 못 따라갈 게 뻔하다는 것이었습니다. 이해가 되지 않았습니다. 어떻게 가르쳐보지도 않고 그런 판단을 할 수 있습니까? 황당하기도 하고 자존심도 상했지만 감정을 자제하고 침착하고 정중하게 다시 요청했습니다. "최선을 다해 절대 실망시키지 않겠습니다. 그리고 성적이 나쁘면 F학점을 주십시오. 그때는 기꺼이 포기하겠습니다."

그랬는데도 교수님은 수강을 허락할 수 없으니 다른 과목을 수강하라고 하셨습니다. 물론 다른 과목을 수강할 수도 있었습니다. 하지만 거기서 포기할 수는 없었습니다. 저는 다음 날 다시 교수님을 찾아갔고 또 거절당했습니다. 그다음 날 또다시 찾아갔습니다. 다시 한 번 간곡하게 부탁을 드리고, 절대 실망시키지 않겠다고 약속했습니다. 그야말로 삼고초려(三顧草廬) 끝에 마침내 수강을 허락받았습니다.

훗날 그 교수님은 제가 처음 교수로 부임한 학교의 교수채용 공고를 가장 먼저 알려주셨습니다. 부탁도 드리기 전에 내게 최고의 추천서를 써주셨습니다.

그때 만약 그 교수님의 수강 거절에 제가 화를 내고 수강을 포기했다면, 그 교수님을 원망하거나 미워하면서 다시 만나려고 하지 않았더라면 어떻게 됐을까요? 지금 여기서 여러분을 만날 수 없었을 것입니다.

불에는 불로 맞서지 마라

누군가 비난을 하면 그냥 담담하게 받아들이고 도움을 요청해보십시오. 누가 "말로만 떠들지 말고 행동으로 좀 보여봐"라고 비난하면 담담하게 "맞아요. 제가 좀 그런 점이 있습니다"라고 말해보십시오. 바로 화를 내고 언성을 높일 줄 알았는데 여러분이 담담하게 받아들이면 상대방은 김이 빠지고 주변 사람들은 당신의 유연함에 빙긋이 미소를 지어줄 것입니다.

비난에 정면으로 맞서지 않고 상대방의 의견을 진지하게 수용하는 것은 일종의 '김빼기 전략(Steam-Out Strategy)'이라고 할 수 있습니다.

《손자병법》에 부저추신(釜底抽薪) 전략이 있습니다. '끓고 있는 가마솥(釜)을 진정시키려면 밑(底)의 장작(薪)을 끄집어내서 솥의 김을 빼야 한다(抽)'는 뜻입니다. 일종의 김빼기 전략입니다. 이 전략은 상대방이 자신의 감정을 스스로 가라앉힐 수 있는 말과 행동을 선택하여 상대방이 스스로 비난을 거두어들일 수 있는 상황을 조성하라는 의미입니다.

토론회나 논문 발표장에서 발표할 때 여러분을 비판하는 사람들에게 너무 각을 세우면서 예민하게 반응하지 마십시오. 그들 중 상당수는 자기의 지식과 존재를 과시하기 위해 질문을 합니다. 이럴 때 잘 알지도 못하는 내용을 들먹거리면서 비판을 방어하느라 진땀을 빼는 발표자들이 많습니다.

하지만 질문자의 비판을 겸허하게 수용하면서 모르는 것을 모른다고 솔직하게 인정하면 생각보다 훨씬 일이 수월하게 풀립니다. 질문자는 이미 자신의 욕구가 충족되었기 때문에 더 이상 비판을 계속할 필요를 못 느끼게 됩니다.

한 걸음 더 나아가 상대방에게 정중하게 도움을 요청하면 의외로 많은 것을 얻어낼 수 있습니다. 자기를 비판하는 사람이 하는 말은 옳은 말조차도 듣지 않으려고 하는 사람이 많은데, 그럴 때는 라이프니츠의 이 말을 떠올려보십시오. "만약 배울 것이 있다면, 불구대천의 원수라 할지라도 나는 그의 말을 듣기 위해 백 리 길도 같이 걸어갈 것이다."

가장 멋진 복수는 그들이 틀렸음을 증명하는 것

한 기자가 영화배우 모건 프리먼에게 물었습니다. "누군가 당신을 깜둥이라고 욕한다면 당신은 어떻게 하시겠습니까?" 그러자 그는 웃으면서 이렇게 대답했습니다. "그건 무례한 그 사람의 문제이지, 제 문제는 아닙니다. 누군가 저에게 준 것을 제가 받지 않으면 주인에게 다시 되돌아가게 됩니다. 비난도 그렇습니다. 받지 않으면 제 것이 아닙니다."

지나가는 말로 툭 던진 어떤 사람의 말 한마디로 여러분의 소중한 시간과 에너지를 소모하지 마십시오. 불에 불로 맞서지 말고 상처를 준 사람의 말을 곱씹으면서 그가 여러분의 인생을 좌지우지하게 놔두지 마십시오.

우리를 무시하는 사람들에 대한 가장 우아한 복수는 그들이 "너는 안 돼!"라고 했던 일을 멋지게 해내서 그들의 생각이 틀렸음을 증명하는 것입니다. 그리고 그들보다 더 즐겁고 행복하게 살면서 복수할 필요도 없게 만들면 됩니다.

나는 인적이 드문 길을 선택했다.
그로 인해 내 모든 것이 달라졌다.
– 로버트 프로스트

무소의 뿔처럼
혼자서 가라

"저는 심리학을 열심히 공부해서 보람된 삶을 살고 싶은데요. 듣기로는 나중에 취직이 힘든 정도가 아니라 아예 가망이 없다고들 합니다. 죽어라고 공부해서 배운 것을 활용하지도 못할 바에야 무엇 때문에 그리 오랜 시간 공을 들이겠습니까. 교수님은 심리학의 전망에 대해 어떻게 생각하시나요?" – 심리학에 관심 많은 중학생

"저는 심리학에 관심이 많습니다. 선생님의 책을 읽게 된 이유도

심리학자였기 때문이고요. 근데 심리학은 아주 배고픈 학문이라는 말이 많아요. 장래에 할 일이 많지 않고 알아주지도 않는다고 하더군요. 심리학, 선택해도 될까요? 교수님이 공부하실 당시에도 장래성이 없었을 텐데 왜 심리학과를 가셨죠? 알고 싶습니다." - 심리학을 공부하고 싶은 고교생

"교수님, 제가 심리학과에 오게 된 것은 심리학이 좋아서였습니다. 그런데 저희 삼촌은 심리학과를 나와서 뭐 해서 먹고살 거냐면서 MBA를 나와서 금융 쪽에서 일하는 것이 가장 좋다고 하십니다. 저는 어떻게 해야 할까요? 그리고 대학원에 가면 전망이 좋은지 그리고 돈은 얼마 정도 벌 수 있는지 등을 알려주셨으면 좋겠어요." - 심리학과 학부생

로버트 프로스트의 시 〈가지 않은 길(The Road not Taken)〉 모두 알고 있죠? 상당히 길지만, 이렇게 마무리가 됩니다.

숲 속에 길이 두 갈래로 갈라졌다.
나는 인적이 드문 길을 선택했다.
그로 인해 내 모든 것이 달라졌다.

전망이 있다고 하는 곳도 좋지만 자기만의 길을 찾아 전망이 좋은 곳으로 개척해보십시오. 1970년대에 심리학을 하겠다고 하면 어른들이 웃으면서 물어봤습니다. "너희 집 부자니? 심리학을 공부해서 어떻게 먹고살라고……." 그때는 그랬습니다. 앞서 소개한 메일처럼 지금도 이런 생각을 하는 사람이 많지만…….

그에 비하면 지금은 많이 달라지지 않았나요? 1990년대만 해도 심리학 대중서는 거의 없었습니다. 책을 쓴다고 해도 별로 팔리지 않았습니다. 당시는 사람들이 심리학이나 인문학에 관심이 별로 없었습니다. 그런데 요즘은 어떤가요?

원시불교의 경전인 《수타니파타》에 실린 시 〈무소의 뿔처럼 혼자 서 가라〉의 끝마무리는 이렇습니다.

여기에
굴하지 않는
사자와 같이…
끝없이 자유로운
바람과 같이…
무소의 뿔처럼
혼자서
가라!

소리에 놀라지 않는 사자와 같이
그물에 걸리지 않는 바람과 같이
흙탕물에 더럽히지 않는 연꽃과 같이
무소의 뿔처럼 혼자서 가라.

'무소의 뿔처럼 혼자서 가라'는 혼자서 살라는 말이 아닙니다. 진리를 깨달을 때 다른 사람들의 의견에 휘둘리지 말고 자신이 진심으로 옳다고 믿는 바를 선택하라는 뜻입니다. 부처는 "너희들은 내가 한 말이라고 무조건 믿지 마라! 너희가 스스로 생각해서 그것이 진실로 옳다는 생각이 들 때 그것을 따르라"는 가르침을 주었습니다.

단지 사람들이 전망이 있다고 권한다고 해서 별로 좋아하지도 않는 분야에 뛰어들어 피 튀는 경쟁을 하는 것은 그리 현명한 일이 아닙니다. 직업은 평생 즐기면서 일할 수 있어야 합니다. 미래의 관점에서 선택하고, 자기가 좋아하는 일을 남다르게 해서 남다른 가치를 창출할 수 있는 분야를 선택해야 합니다.

경상남도 거창고등학교 강당 뒤편에는 '직업 선택 십계'가 있습니다.

1. 월급이 적은 쪽을 택하라.

2. 내가 원하는 곳이 아니라 나를 필요로 하는 곳을 택하라.

3. 승진의 기회가 거의 없는 곳을 택하라.

4. 모든 조건이 갖춰진 곳을 피하고 처음부터 시작해야 하는 황 무지를 택하라.

5. 앞을 다투어 모여드는 곳은 절대 가지 마라. 아무도 가지 않 는 곳으로 가라.

6. 장래성이 전혀 없다고 생각되는 곳을 가라.

7. 한가운데가 아니라 가장자리로 가라.

8. 사회적 존경 같은 건 바라볼 수 없는 곳으로 가라.

9. 부모나 아내나 약혼자가 결사반대를 하는 곳이면 틀림없다. 의심치 말고 가라.

10. 왕관이 아니라 단두대가 기다리고 있는 곳으로 가라.

이 직업 선택의 십계는 1980년대에 만들어졌는데, 학생들이 '무 엇이 되느냐'보다 '어떻게 사느냐'를 가르치기 위해 만들어졌다고 합니다.

'1. 월급이 적은 쪽을 택하라', '6. 장래성이 전혀 없다고 생각되는 곳을 가라', '9. 부모나 아내나 약혼자가 결사반대를 하는 곳이면 틀림없다. 의심치 말고 가라'를 읽고 여러분은 지금 어떤 생각이 드나요?

다수 대중이 몰리는 분야에서 남들이 다 알고 있는 것으로 특별한 기회를 창출하기는 어렵습니다. 누구나 볼 수 있는 기회는 이미 기회가 아닌 경우가 많습니다.

월마트 창업자 샘 월튼은 이렇게 말했습니다. "물결을 거슬러 헤엄쳐라. 다른 길로 가라. 사회적 통념은 무시하라. 모든 사람들이 똑같은 방법으로 일하고 있다면 정반대 방향으로 가야 틈새를 찾아낼 기회가 생긴다. 수많은 사람들이 당신에게 길을 잘못 들었다며 말릴 것에 대비하라. 살아오면서 내가 가장 많이 들은 것은 '인구 5만 명이 되지 않는 지역에선 할인점이 오래 버티지 못한다'라고 말리는 말이었다."

어떤 분야에서 위대한 업적을 남긴 사람들은 모두 다수 대중이 택하는 길이 아닌 남다른 길을 택한 사람들입니다. 남다른 길을 찾아보십시오. 그리고 어떤 길이건, 길을 선택했으면 남다른 방식으로 실천해보십시오. 무엇을 하건 남다르게 해야 남다른 삶을 살 수 있습니다.

여러 가지 사정으로 당장 자기만의 길을 가기 어려울 수도 있습니다. 그렇다고 포기하지는 마십시오. 앙드레 말로는 "오랫동안 꿈을 그리는 사람은 마침내 그 꿈을 닮아간다"라고 했습니다. 보려고 해야 보이고, 찾으려고 해야 찾게 됩니다. 자기만의 길을 찾겠다는 생각의 끈을 놓지 마십시오. 생각의 끈을 놓지만 않으면 결국 찾게 되고 이루게 됩니다.

스쳐지나갈 우연,
인연으로 만들기

"이 넓은 땅 위 어딘가에 바늘이 하나 꽂혀 있다. 그리고 저 하늘 어디에선가 조그마한 밀씨 하나를 떨어뜨린다. 그 밀씨가 아래로 아래로 내려와 땅 위 어딘가에 있는 바늘 위에 꽂힐 확률, 이것을 인연이라고 한다. 너희들과 나는 바로 그렇게 만났다."

- 영화 〈번지점프를 하다〉 중에서

인연: 因 인할 인, 緣 인연 연. 국어사전에는 인연(因緣)을 이렇게 풀이하고 있습니다. 1. 사람들 사이에 맺어지는 관계≒연고(緣故),

2. 어떤 사물과 관계되는 연줄, 3. 내력 또는 이유, 4. 〈불교〉에서 인(因)과 연(緣)을 아울러 이르는 말.

인연이란 어떤 결과를 만드는 직접적인 힘과 그를 돕는 외적이고 간접적인 힘. 결국 인연을 만드는 일은 어떤 원인이 결과로 만들어지도록 원인과 결과를 이어주는 연결고리를 만드는 일 아닐까요?

옷소매를 스치려면……

옷깃만 스쳐도 인연이라는데, 한 학기 내내 같은 강의실에서, 같은 교수의 지도 아래, 같은 내용을 공부한다는 것은 우리가 겁나게 깊은 인연으로 만났기 때문입니다. '겁나게'는 '매우'의 전라도 방언입니다. 흔히 쓰는 말입니다.

《범망경(梵網經)》에서는 인연을 맺은 사람끼리의 만남을 겁(劫)으로 표현하고 있는데 그 내용은 이렇습니다. "옷소매를 스치려면 적어도 전생에 500겁의 인연이 있어야 한다." 그런데 겁(劫)이란 도대체 얼마나 긴 시간일까요?

겁(劫)이란 매우 긴 시간을 뜻하며, 《잡아함경(雜阿含經)》에서는 다음과 같이 설명하고 있습니다. "1겁(劫)이란 100년에 한 번씩 내려오는 선녀의 옷자락에 사방 1유순(15km)의 바위가 닳아 없어지는 시간이다."

그러므로 우리가 이렇게 한 강의실에서 한 학기 내내 함께 공부한다는 것은 실로 엄청난 인연이 아닐 수 없습니다. 전라도 사투리 '겁나게'가 이 겁(劫)은 아닐 수 있지만, 우리는 정말 대단한 인연으로 만난 겁니다.

그럼에도 불구하고 한 학기가 다 끝나도록 서로 얼굴은 뻔히 알면서도 인사 한 번 제대로 안 하고 헤어지는 경우가 참 많습니다. 정말 안타까운 일입니다.

그래서 저는 이번 학기가 다 지나가기 전에 여러분에게 작은 프로젝트 하나를 제안합니다. 이름 하여 '스쳐지나가는 우연, 인연으로 만들어보기 프로젝트'입니다.

제가 이 프로젝트를 권하는 데는 몇 가지 이유가 있습니다.

첫째, 끼리끼리만 어울리는 동종교배 종(種: species)은 진화 과정에서 도태될 가능성이 높으며, 성공한 개인과 기업 중에는 익숙한 곳에서 벗어나 낯선 세계를 개척한 종이 많습니다.

둘째, 스쳐지나갈 수 있는 우연을 포착해 인연으로 만들 줄 아는 사람은 자신을 틀 안에 가두고 수동적으로 살아가는 사람보다 선택의 자유도가 넓고 그냥 지나칠 수 있는 삶의 다양한 기회를 포착할 가능성이 높습니다.

셋째, 행운이나 기회의 신은 다른 사람을 통해 들어오기 때문에 행운이 다니는 다양한 통로를 만들어 기회를 포착하는 연습이 필요합니다.

그리고 그 무엇보다 중요한 이유는 이로 인해 사랑하는 내 학생들이 남다른 삶을 살고 풍요로운 삶을 살면서 다른 사람들의 삶에 도움이 될 수 있기를 간절히 소망하기 때문입니다.

어떤
인연이
그대의 불을
밝혀줄지
알 수 없잖아?

하찮은
인연은 없어
그대가
붙잡지
못했을 뿐 -

더욱 풍요로운 삶을 바라면서……

이제 한 학기의 중반으로 접어들었습니다. 제 수업의 수강생들이 이 프로젝트를 계기로 스쳐지나갈 수도 있는 우연을 소중한 인연으로 붙잡을 수 있는 그런 사람들이 되면 좋겠습니다. 그래서 여러분 모두가 지금보다 소중한 인연을 더 많이 만들고 더 풍요로운 삶을 살 수 있기를 소망합니다.

아래에 여러분의 메일 주소가 출석부 순으로 적혀 있습니다. 임의로 한 명의 발송자에게 한 명씩의 수신자 번호를 부여했습니다. 선입견을 배제하기 위해 메일 주소에 이름은 써넣지 않았습니다. 모든 수강생은 반드시 자기의 메일 주소 끝에 적혀 있는 번호를 찾아 그 번호의 친구에게 메일을 보내야 합니다.

하지만 부여된 번호의 메일 주소가 이미 잘 알고 지내는 친구라면 다른 메일 주소를 임의로 선택하기 바랍니다. 내용이나 길이 제한은 없습니다. 딱 한 번만 보내면 됩니다. 메일을 받은 학생은 즉시 답 메일을 보내는 아름다운 매너를 보여줄 것이라 믿습니다. 얼마 전에 부자들은 반응 속도가 빠르다는 연구 결과를 소개해준 적이 있죠?

혹시 받은 메일 내용이 기대에 못 미친다고 해도 너무 실망하거나 섭섭해하지 않았으면 합니다. 이번 시도는 그냥 스쳐지나갈 수도 있는 우연을 인연으로 만들어보는 첫 번째 실험이고 연습일 뿐이기 때문입니다.

어떤 내용이라도 좋습니다. 일단은 딱 한 번 메일을 주고받는 것으로 만족했으면 합니다. 그 이후의 일까지 생각하느라 메일 내용을 심각하게 고민할 필요가 없다는 얘기입니다. 그래야 서로 부담이 없습니다. 물론 그 이후의 선택은 각자의 몫입니다.

모든 기회는 사람과 함께 온다

돌이켜보면 인생의 터닝포인트마다 그 길목에 누군가가 있었습니다. 병원에서 임상심리전문가 수련을 받게 된 것도, 대학교수가 될 때도, 그리고 책을 쓰겠다고 마음먹을 때도 거기에는 제게 계기를 마련해준 누군가가 있었습니다. 가족도 아니었고, 친한 친구도, 동문 선후배도 아니었습니다. 저를 성공하게 만들려는 강한 의지를 가진 분도 아니었습니다.

그들이 제게 정보와 기회를 제공해준 것은 제가 단지 흥미를 느껴 리포트를 열심히 작성했기 때문에, 인사를 잘했다는 것 때문에, 우연한 기회에 베풀었던 '작은 친절' 때문이었습니다. 어찌 보면 모두 사소한 일들 때문이었습니다.

모든 기회는 사람과 함께 오지만, 가족이나 친구처럼 강한 관계의 사람들보다 오히려 스쳐지나갈 수도 있는 그런 약한 관계의 사람들이 인생의 터닝포인트를 더 많이 제공해줍니다. 그러므로 스쳐지나갈 수도 있는 사람들에 대한 태도가 인생의 성패를 결정할 수도 있습니다. 이런 걸 '약한 관계 효과(Weak Link Effect)'라고 합니다.

사회학자 마크 그라노베터는 직장인들을 대상으로 약한 연결이야말로 기회를 제공하는 사람들임을 밝혀냈습니다. 그는 보스턴의 직장인을 대상으로 무작위로 어떻게 새로운 일자리를 찾게 됐는지 조사했습니다. 아는 사람을 통해 새로운 일자리를 찾았다고 답한 이들 중 새로운 일자리를 소개해준 사람과 얼마나 자주 만나는 사이인지를 물었습니다.

응답자 가운데 자주 만나는 사람이 일자리를 소개해주었다고 말

한 사람은 16%에 불과했습니다. 반면 가끔씩 만나는 사람(55%), 또는 어쩌다 만나는 사람(27%)을 통해 새로운 일자리를 얻었다고 답한 사람은 무려 82%나 되었습니다. 즉 일자리를 소개해준 사람은 대부분 약한 연결이었던 셈입니다.

세상에는 끼리끼리만 어울리고 애인이나 친한 친구밖에 모르는 사람이 많습니다. 그러나 이런 '강한 연결'에서는 대체로 지식이나 정보, 인맥이 중첩되며, 경쟁관계에 속할 경우도 많아 유용한 정보를 제공하지 않으려 할 수도 있습니다. 그래서 실제로 삶의 터닝포인트를 제공하는 데는 큰 역할을 하지 못합니다. 반면 약한 연결은 다른 세계로 통하는 다리 역할을 하며 자신이 모르는 기회의 통로 역할을 할 수 있습니다.

이제부터는 강의실에서 만나면 누구를 만나건 서로 인사하기로 합시다. 스쳐지나갈 수 있는 우연을 인연으로 만들어보는 이번 시도가 여러분의 삶에 소중한 경험으로 남을 것입니다. 정현종 시인의 〈방문객〉이라는 시를 소개합니다.

> 사람이 온다는 건
> 실은 어마어마한 일이다.

그는
그의 과거와
현재와
그의 미래와 함께 오기 때문이다.
한 사람의 일생이 오기 때문이다.

부서지기 쉬운
그래서 부서지기도 했을
마음이 오는 것이다.

그 갈피를
아마 바람은 더듬어볼 수 있을 마음.
내 마음이 그런 바람을 흉내낸다면
필경 환대가 될 것이다.

여러분의 실천 내용과 소감이 궁금합니다. 지정된 한 명의 친구
이외의 다른 친구에게 추가로 인연 만들기를 시도할지 여부를 선
택하는 것은 여러분의 몫입니다.

그대에게 의미 있는
타인은 누구인가?

벌써 또 한 학기가 끝나갑니다. 여러분은 대학을 4년 동안 다니고, 지금은 대학원도 2년 가까이 다니고 있습니다. 눈을 감고 가만히 생각해보십시오.

내가 어려움에 처했을 때 망설이지 않고 도움과 조언을 구할 수 있는 분. 내가 좋아하고 닮고 싶으면서, 함께 있으면 한 단계 성장하는 느낌을 주는 사람. 그리고 추천서를 요청했을 때 진심으로 합격을 기원하면서 심혈을 기울여 추천서를 써줄 것이라고 생각되는 교수님. 누가 떠오르고 몇 명이나 떠오르나요?

대학을 4년씩이나 다니고, 대학원을 2년 가까이 다니고 수많은 교수님과 강사 선생님들로부터 강의를 듣고, 여러 교수님들의 조교를 해왔으며 수많은 선배들과 함께 공부했는데도 이런 사람이 단한 명도 떠오르지 않는다면 그건 정말 슬픈 일이 아닐까요?

우리는 수많은 사람들과 만나면서 관계를 맺고 살아갑니다. 하지만 우리가 만나는 사람들이 우리의 삶에 미치는 영향력은 모두 다릅니다. 우리가 살면서 만나는 사람들 중 우리의 삶에 중요한 영향을 미치는 사람을 '의미 있는 타인(Significant Other)'이라고 합니다.

우리의 삶에 영향을 미치는 의미 있는 타인들은 다음과 같은 특성을 갖고 있습니다.

1. 내가 매우 좋아하고, 나를 좋아하는 사람
2. 내가 닮고 싶은 이상형이 되는 사람
3. 조언과 도움이 필요할 때 찾게 되는 사람
4. 내 인생의 중요한 사안에 관여해주는 사람
5. 인정받고 싶고, 그의 평가를 중요하게 여기는 사람

6. 함께 있으면 내가 한 단계 성장하게 되는 사람

7. 정서적으로나 심리적으로 깊이 신뢰하는 사람

8. 나와 같은 가치관을 공유하고 있는 사람

9. 실제로든 상상으로든 많은 시간을 함께하는 사람

10. 적절하고 유용한 평가와 피드백을 제공하는 사람

11. 친밀감과 존중감을 제공하는 원천이 되는 사람

의미 있는 타인의 존재 여부는 우리의 행복과 성공에 매우 중요한 영향을 미칩니다. 똑같은 학교에서, 똑같은 강의를 들으면서, 똑같은 전공을 하면서도 어떤 사람은 의미 있는 타인을 한 명도 떠올리지 못합니다. 반면 어떤 사람은 여러 명의 교수, 강사, 선배들을 의미 있는 타인으로 떠올립니다.

힘든 일이 생겼을 때 누가 더 그 문제를 빨리 해결할 수 있을까요? 똑같은 기회가 주어졌을 때 누가 선택될 가능성이 더 높을까요? 5년, 10년이 지난 후 누가 더 성공할 가능성이 높을까요? 20년, 30년이 지난 후 누가 더 행복한 삶을 살게 될까요?

대학원 2년 내내 의미 있는 타인이라고 생각되는 사람을 한 명도 만들지 못했다면 지금부터라도 만들어보십시오. 왜냐하면 지금까지의 패턴이 대학원을 졸업하고 나서도 반복될 것이고, 그렇게 되면 인생이 너무 힘들어질 수도 있으니까요.

고대 인도철학의 경전인 《우파니샤드》에 이런 구절이 있습니다. "제자가 준비되면 스승이 나타난다." 맞습니다. 나를 좋아하고, 나에게 조언과 도움을 아끼지 않으며, 나를 성장시키려고 노력하고, 좋은 곳에 나를 적극적으로 추천하고 싶은 분을 만나려면, 우리가 먼저 그런 사람이 되어야 하겠죠?

벤저민 프랭클린은 이렇게 말했습니다. "사랑받고 싶은가? 그렇다면 사랑하라. 그리고 사랑스럽게 행동하라." 며칠 있으면 한 학기를 마무리해야 합니다. 한 학기 내내 강의를 들었는데도 담당교수가 여러분의 이름도 기억하지 못한다면? 강의를 하시면서 내게 조언이나 충고를 해주지 않았다면? 교수님이 나를 학교나 병원에 추천하고 싶은 이유 하나 제대로 제공하지 못했다면? 참으로 안타까운 일이 아닌가요?

나는 사람들에게
어떤 흔적을 남기는가?

저는 제 아이들이 어렸을 때 꽤 오랫동안 미국의 유치원생이 쓴
참으로 유치한 시를 연구실 책상 앞에 붙여놓았습니다. 내용은 이렇
습니다.

엄마는 나를 사랑하니까 좋다.
바둑이는 나와 놀아주니까 좋다.
냉장고는 먹을 것이 많이 있으니까 좋다.
그런데 우리 아빠는 _____

마지막 문장은 어떻게 끝났을까요? 이렇게 끝납니다.

우리 집에 왜 있는지 모르겠다.

학교 교수님, 선후배, 동료, 가족을 떠올리면서 이 시를 한 번 패러
디해보십시오. 예를 들면 이렇게 말입니다. 부모님에게 나는……

큰오빠는 용돈을 많이 드리니까 좋다.
언니는 집안일을 잘 도와주니까 좋다.
동생은 애교가 많아서 좋다.
그런데 나는 _____

니체는 이렇게 말했습니다. "우리가 마음이 불편한 것은 우리가
하는 일, 그리고 우리의 존재가 다른 사람들에게 의미 없다는 사
실을 깨달을 때다."

저는 가끔씩 이 시를 읽으면서 저 자신에게 물었습니다. '나는 아
이들에게 어떤 의미의 존재이며, 어떤 의미의 존재이기를 바라는
가?' '그런 존재가 되고 싶다면 지금부터 어떻게 해야만 하는가?'

실제로 상담을 하거나 여러 가지 조사 결과를 보면 많은 청소년들이 아버지와 함께 저녁 먹는 시간을 부담스러워합니다. 안타까운 일입니다. 더 안타까운 것은 아버지들은 이 사실을 잘 모른다는 것입니다. 사실 물이 있다는 사실을 물고기들이 가장 모르듯이, 사람들은 남들이 다 아는 자신의 문제를 자신이 가장 모르는 경우가 많습니다.

우리는 같은 공간에서 숨 쉬는 것만으로도 누군가에게 영향을 미칩니다. 단지 그 사람이 앉아 있었던 자리만 봐도 짜증이 나는 사람이 있습니다. 반면 이 세상에 없지만 그 사람의 이름만 떠올려도 마음이 따뜻해지고 생각이 달라지는 사람도 있습니다.

우리는 어디서 누구와 함께 있건 세 부류로 나뉩니다. 첫 번째 부류, 만나지 않았으면 좋을 사람, 없으면 더 좋을 사람. 정말 슬픈 경우입니다. 두 번째 부류, 있어도 좋고 없어도 상관없는 사람, 역시 슬픈 일이죠? 세 번째 부류, 만나서 정말 다행인 사람, 꼭 필요한 사람. 우리가 지향해야 할 부류입니다.

"접촉하는 두 개체는 서로 흔적을 주고받는다." 프랑스의 범죄학자 에드몽 로카르가 "모든 범죄는 접촉을 필요로 하고 그 접촉 과정에서 상호 간의 물질적 전이가 일어난다"고 주장했기 때문에 이를 로카르의 교환법칙(Locard's Exchange Principle)이라고 합니다.

세계 최초로 모발(毛髮)을 범죄 증거로 사용한 그는 리옹대학에 법과학연구소를 설립했으며, 지금의 모든 법과학연구소는 이 연구소를 모델로 하고 있습니다. 지금은 너무나 당연해 보이는 이 로카르의 법칙은 20세기 법의학과 과학수사 체계의 기본 원리가 되었습니다.

모든 범죄는 반드시 가해자와 피해자 사이의 접촉을 동반하게 되고, 그것은 두 사람 모두에게 흔적을 남깁니다. 이 피할 수 없는 흔적을 과학적으로 추적하기만 한다면 반드시 범인을 잡을 수 있습니다.

어떤 사람이 다른 사람과 접촉하거나 어떤 장소에 가면 그 사람이나 장소에 반드시 무엇인가를 남기고 또 무엇인가를 가지고 갑니다. 예를 들면 미술품을 훔치는 도둑은 범행 장소에 모발이나 발자국 같은 흔적을 남기고 그 대신 미술품을 가져갑니다. 그러므로 미술품이 없어지고 그 대신 어떤 사람의 모발이 발견됐다면 그가 그 범행 장소에 있었다는 확실한 증거가 됩니다.

이제 대학원을 떠나는 학생도 있고, 떠날 준비를 하는 학생도 있고, 떠나기 위해 새로 입학하는 학생도 있습니다. 우리는 같은 공간에 존재한다는 것만으로도 누군가에게 영향을 미치며, 직접 접촉하지 않더라도 어떤 식으로든 마음속에 흔적을 남깁니다.

잠시 하던 일을 멈추고 가족이나 친구, 교수, 선후배, 동기, 이성친구, 미화원 아주머니나 경비 아저씨, 커피숍 알바생…… 지금 만나고 있는 사람들을 떠올려보십시오.

제3자가 되어 자기 자신을 객관화해보십시오. 그리고 자문해보십시오. 나는 이들에게 어떤 흔적을 남기는 어떤 의미의 존재인가? 그리고 앞으로 어떤 의미의 존재가 되고 싶은가?

끝, 그 이후를
가볍게 여기지 마라

오래전에 내 수업을 들었던 졸업생 한 명이 연구실에 찾아왔습니다. 어떻게 지내냐고 물으니까, 다니던 회사를 그만두고 다른 회사에 취업하기 위해 추천서가 필요해서 찾아왔다고 했습니다. 왜 그만두게 되었냐고 묻자 그 회사에 대한 이런저런 불만과 험담을 늘어놓았습니다. 얼마 전에는 수련을 마친 여러분 선배 중의 한 명이 수련했던 병원과 수련감독자에 대한 불평을 실컷 늘어놓고 갔습니다.

"화장실, 들어갈 때와 나올 때가 다르다"는 속담이 있습니다. 길을 가다 갑자기 볼일이 생겼는데 화장실을 찾을 수 없다면? 볼일만 보게 해준다면 어떤 대가라도 치르고 싶을 것입니다. 하지만 볼일을 보고 나면 생각이 달라집니다. 이 속담은 인간 본성을 정말 잘 표현하고 있습니다.

빌려달라고 할 때는 돈이 생기면 그 돈부터 갚겠다고 약속해놓고 수중에 돈이 들어오면 생각이 달라지는 사람이 많습니다. 면접장에선 입사만 시켜주면 온몸을 바쳐 회사에 충성할 듯이 행동하지만 일단 입사하게 되면 태도가 달라지는 사람도 있습니다. 구애할 땐 입안에 있는 것도 꺼내줄 것 같다가도 헤어질 때는 완전히 다른 모습을 보이는 사람도 많습니다.

대부분의 사람들은 직장을 그만두게 되면 어느 정도 서운한 감정을 갖고 떠납니다. 원하지 않은 해고를 당했을 때는 더 말할 것도 없습니다. 어떤 사람들은 그 직장이나 거기에 남아 있는 동료들을 다시는 상종하지 않을 것처럼 막 대하거나 심지어 회사에 분풀이를 하기도 합니다.

공부를 하고 심리학자로 수련을 받은 사람들 중에도 이런 경우가 있습니다. 너무나 힘들고 부당한 대우를 받았다면 당연히 그런 생각이 들겠지요. 하지만 우리 학생들은 절대로 그러지 않으면 좋겠습니다.

뒷모습을 보면 그릇의 크기를 알 수 있다

우리말에 '끄트머리'라는 말이 있습니다. 이 말은 끝과 머리를 합쳐놓은 것으로, 끝은 또 다른 시작이라는 의미를 담고 있습니다. 영어의 'last'란 단어는 형용사로 '마지막'이라는 의미입니다. 그러나 동사로는 '계속되다'는 의미로 쓰이기도 합니다. 끝은 마지막이 아니라 계속된다는 의미입니다.

여름의 끝은 곧 가을의 시작이며, 연말은 언제나 연시로 이어집니다. 자기가 몸담았던 곳을 떠나는 그 순간, 거래가 끝났다고 생각하는 그 순간, 언제 또 보겠냐는 생각을 할 수도 있습니다. 그러나 어떤 끝이든 그것은 단지 새로운 시작일 뿐입니다. 여러분은 몸담고 있던 곳을 떠날 때, 더 이상 만나지 않아도 되는 사람과 헤어질 때 다음과 같이 행동하면 좋겠습니다. 무엇이든 끝이 좋아야 시작이 빛나기 때문입니다.

첫째, 감정적인 반응을 자제한다. 대학원 과정이건, 수련병원이건, 상담실이건, 거기서 부당한 대접을 받거나 너무 힘들었다면 억울함, 좌절감, 분노감 등으로 충동적인 행동을 할 가능성이 높습니다. 그럼에도 불구하고 멋지게 마무리 짓는다면 여러분의 가치는 높이 평가되고 자존감도 높아집니다.

둘째, 충실하게 마무리 짓는다. 최선을 다해 끝까지 하던 일을 깔끔하게 마무리하십시오. 여러분이 어디로 가건 새로운 고용주는 여러분이 이전의 직장을 어떤 태도로 그만두었는지를 가장 비중 있는 평가 자료로 취급할 것입니다. 끝이 깔끔하면 전 직장 상사나 동료들에게 도움을 받을 수도 있습니다.

셋째, 다녔던 곳에 대해 험담하지 않는다. 직장을 그만둔 사람들 중 상당수는 전 직장과 직장 상사에 대한 험담을 늘어놓습니다. 여러분은 그러지 마십시오. 그렇게 한다고 나아질 것도 없을 뿐 아니라, 험담을 듣는 사람들은 여러분을 더 부정적으로 평가하게 됩니다.

노자는 "끝 조절을 처음과 같이 하면 실패하는 일이란 결코 없다" 라고 말한 바 있습니다. 《명심보감》에도 이런 말이 있습니다. "말이 힘이 있는지 알려면 먼 길을 가봐야 하고, 그 사람이 어떤 사람인지를 알려면 시간이 오래 지나봐야 한다."

사람의 크기는 시작이 아니라 끝, 사이가 좋을 때가 아니라 일이 잘 풀리지 않았을 때의 태도를 보면 알 수 있는 법입니다. 인간관계도 비즈니스도 끝은 또 다른 시작이고, 끝이 좋아야 시작이 빛나는 법입니다.

쥐엄나무를 심는
마음으로……

한 젊은 랍비가 쥐엄나무 씨를 뿌리고 있는 노인에게 물었습니다. "지금 씨를 뿌리는 그 나무는 언제쯤 열매를 맺을 수 있을까요?" 그러자 노인이 대답했습니다. "글쎄 몇 십 년 후가 되겠지."

그 노인이 지금 심고 있는 쥐엄나무에 열매가 열릴 때까지 살 수 없을 것이라고 생각한 랍비는 다시 물었습니다. "그렇다면 지금 씨를 뿌려 그 쥐엄나무 열매를 할아버지께서 따서 드실 수 있을까요?"

그러자 노인이 다시 대답했습니다. "아니지, 지금 씨를 뿌리는 것은 내가 따먹기 위해서가 아니네. 그동안 내가 태어나기도 전에 남이 심어놓은 쥐엄나무 열매를 먹고 살았으니, 나도 이제 남을 위해 쥐엄나무를 심어야 하지 않겠나."

탈무드에 나오는 이야기입니다. 씨를 뿌린 지 20~30년이 되어야 열매를 맺는 쥐엄나무는 지중해 연안에 자생하는 나무입니다. 열매는 가축의 먹이로도 쓰이지만 가난한 사람들의 식량으로도 쓰입니다.

저는 그동안 너무나 많은 사람들에게 빚을 지고 살았습니다. 남이 심어놓은 쥐엄나무 열매를 먹고 살았던 노인이 다른 누군가를 위해 쥐엄나무를 심듯이 그 빚을 조금이라도 갚는다는 마음으로 이 책을 썼습니다.

교수가 하는 일은 앞서 간 사람들에게 배운 지식을 뒤따라오는 사람들에게 전달하는 것입니다. 하지만 저는 그보다 학생 한 사람한 사람이 자기만의 꿈을 찾아 이루고, 인생을 즐기면서 의미 있는 삶을 살아갈 수 있도록 돕고 싶었습니다.

조심한다고 했지만 그 과정에서 학생들에 대한 관심과 사랑, 그리고 안타까운 마음이 지나쳐 저도 모르게 누군가에게는 수치심을 느끼게 하고 상처를 줬을지도 모르겠습니다.

혹시 가르침이나 조언이라는 미명하에 저도 모르게 상처를 준 적이 있었다면 정말로 미안합니다. 선생으로서 수양이 부족한 탓이니 부디 오래 마음에 담아두지 말고, 너그럽게 용서해주기를 부탁드립니다.

지나고 나니 아쉬운 게 참 많습니다. 학생들을 좀 더 따뜻하게 챙겨주지 못하고 조금 더 즐겁고 행복한 추억을 많이 만들어주지 못해서 미안합니다. 특히 이런저런 사연으로 적극적으로 다가오지 못하고 멀찌감치 떨어져 있는 학생들에게 제가 먼저 다가가서 손 내밀지 못한 것이 제일 아쉽습니다.

이 책으로 그 아쉬움을 덜 수 있고, 여러분이 꿈을 찾고 그 꿈을 이루는 데 도움이 되면 좋겠습니다. 하지만 꿈을 이루는 것 못지않게 중요한 것이 있습니다. 순간순간 행복하게 사는 것입니다. 미래의 성공을 위해 현재의 행복을 포기하지는 마십시오. 전공을 살리지 못했거나 큰 꿈을 이루지 못했다고 자책하지 마십시오.

헤르만 헤세는 이렇게 말했습니다. "자기의 길을 걷는 사람은 누구나 다 영웅이다. 자기가 할 수 있는 일을 진실하게 수행하며 사는 사람은 누구나 다 영웅이다." 그렇습니다. 주어진 상황에서 나름대로 최선을 다하고 있는 여러분 모두는 영웅입니다.

여러분이 어디서 무엇을 하건 자기가 하는 일에 가치를 부여하고 자기 자신을 사랑하면서, 주어진 것에 감사하고 현재를 즐기면서 행복하게 살아가기를 기원합니다. 끝으로 내 학생으로 소중한 인연이 되어준 여러분 모두 고맙습니다.

그리고 사랑합니다…….

저자 이민규

lmk@ajou.ac.kr

지은이 **이민규**

심리학 박사, 임상심리 전문가, 아주대학교 심리학과 교수. lmk@ajou.ac.kr

성공적이고 행복한 삶을 위해서는 '1%'만 바꾸면 된다는 삶의 철학을 널리 퍼뜨리면서 '1% 행동심리학자'로 불리고 있다.

아들과 딸에게 목표를 정하고 꿈을 찾도록 도와주기 위해 보냈던 이메일을 모아 '네 꿈과 행복은 10대에 결정된다'를 펴냈으며, 2014년 《지금 시작해도 괜찮아》로 새롭게 출간했다. 이 책은 '중학생 권장도서' 및 '청소년 권장도서'로 선정되면서 10대뿐만 아니라 학부모와 교사들의 필독서가 되었다.

《1%만 바꿔도 인생이 달라진다》(2003)는 심리학을 통한 개인의 성장과 변화를 제안했고, 《끌리는 사람은 1%가 다르다》(2005)는 관계와 소통 문제로 고민하는 100만 명이 넘는 독자들의 사랑을 받았다.

《실행이 답이다》(2011)에서는 결심만 하고 실행하지 못하는 사람들에게 효과적인 실천 지렛대를 제시했으며, 《하루 1% - 변화와 혁신의 심리학》(2015)에서는 실제 경험자들의 사례를 통해 개인과 조직의 변화와 혁신을 위한 구체적인 방법을 안내했다.

2017년에는 부모와 자녀의 감성소통 방법을 알려주는 《표현해야 사랑이다》를 출간했다. 이 책은 2017년 하반기 '세종도서 교양부문'과 2018년 순천시 'One City One Book'에 선정되면서 많은 독자들의 사랑을 받고 있다.

2017년 말에는 10대를 위한 심리학자의 인성교육 시리즈 《사람이 좋아지는 관계》, 《생각이 달라지는 긍정》, 《꿈을 이루는 목표》, 《인생을 바꾸는 습관》, 《결심을 지키는 실천》을 펴냈다.

그밖에 《행복도 선택이다》, 《현대인의 적응과 정신건강》, 《심리장애의 인지행동적 접근》, 《15일의 기적》, 《끌리는 사람의 다이어리》 등의 저서가 있다.

단국대학교 특수교육과를 졸업하고 서울대학교 대학원 심리학과에서 임상심리학으로 석사와 박사 학위를 취득했다. 공군에서 장병선발과 심리검사 담당 장교로 복무한 후, 서울대학교 학생생활연구소에서 카운슬러로 일했다. 조선대학교 의과대학 정신과 교수를 거쳐, 아주대학교 심리학과 교수로 재직했다. 아주대학교 부설 아주심리상담센터 소장을 역임했으며, 2001년에는 제1회 아주대 강의우수교수(Best Teacher) 상을 수상했다. 2011년에는 교보문고 창사 30주년 기념 '대한민국이 읽은 대작가 25인'에 선정되었다.